MANUEL GRAMMATICAL,

Contenant la connaissance des diverses espèces de mots employés dans la langue française, la concordance de ces mots dans la phrase, un Traité d'orthographe, et une double Méthode d'analyse grammaticale ;

Par Charles-Constant LE TELLIER,

PROFESSEUR DE BELLES-LETTRES.

ONZIÈME ÉDITION.

A PARIS,

CHEZ CONSTANT LE TELLIER FILS, ÉDITEUR,
RUE TRAVERSIÈRE SAINT-HONORÉ, N° 25.

—

1830.

Toutes mes Éditions sont revêtues de ma signature.

IMPRIMERIE DE J. GRATIOT, Rue du Foin Saint-Jacques, maison de la Reine Blanche.

MANUEL GRAMMATICAL.

DEMANDE. Qu'est-ce que la Grammaire ?

RÉPONSE. La *Grammaire* est l'art de parler et d'écrire correctement.

Parler et *écrire*, c'est exprimer sa pensée par des mots.

D. Qu'appelle-t-on mots ?

R. On appelle *mots* des sons prononcés par la bouche, ou des caractères tracés par la main. Les mots sont composés de *lettres*.

D. Combien notre alphabet comprend-il de lettres ?

R. Il comprend vingt-cinq lettres, qui se divisent en voyelles et en consonnes.

D. Que nommez-vous voyelles ?

R. Ce sont les lettres qui forment seules une *voix*, un son. Nous en avons six, savoir : *a, e, i, o, u* et *y*.

D. Et qu'appelle-t-on *consonnes* ?

R. Ce sont les lettres qui ne se prononcent point seules, et ne forment un son qu'avec le secours des voyelles. Il y en a dix-neuf, qui sont : *b, c, d, f, g, h, j, k, l, m, n, p, q, r, s, t, v, x, z.*

D. Comment se divisent les voyelles ?

R. Elles se divisent en longues et en brèves. Les voyelles *longues* sont celles sur lesquelles on appuie davantage en les prononçant ; et les voyelles *brèves* sont celles sur lesquelles on appuie moins.

(4)

D. Faites-nous sentir cette différence de prononciation par des exemples.

R. A est long dans *pâte* pour faire du pain, et il est bref dans *frégate.*

E est long dans *fête*, et bref dans *diète.*

I est long dans *gîte*, et bref dans *visite.*

O est long dans *côte*, et bref dans *pelote.*

U est long dans *flûte*, et bref dans *dispute.*

D. Combien distingue-t-on de sortes d'*e* ?

R. On distingue trois sortes d'*e*, savoir : l'*e* muet, l'*é* fermé, et l'*è* ouvert.

D. Faites-nous connaître chacun de ces *e.*

R. L'*e* muet est celui qui n'a qu'un son sourd et peu sensible, comme à la fin de ces mots, *vase, rose,* etc.

L'*é* fermé est celui qui se prononce la bouche presque fermée, comme dans ces mots, *été, vérité,* etc.

L'*è* ouvert est celui qu'on prononce en ouvrant la bouche et en desserrant les dents, comme dans *succès, accès, procès,* etc. Cet *e* peut être plus ou moins ouvert.

D. Peut-on faire connaître dans l'écriture ces différentes sortes d'*e*, et les voyelles longues ?

R. Oui ; et l'on emploie pour cet usage trois petits signes que l'on nomme *accents.* Ce sont : l'accent *aigu* (´), qui se met sur les *é* fermés, comme dans *café, sincérité,* etc. ; l'accent *grave* (`), qui se met sur les *è* ouverts, *abcès, père,* etc. ; et l'accent *circonflexe* (ˆ), qui se met sur la plupart des voyelles longues, *grâce, hêtre, épître, apôtre, embûche.* L'accent *aigu* va de droite à gauche ; l'accent *grave* de gauche à droite ; l'accent *circonflexe* se forme de la réunion des deux autres, et a la figure d'un v renversé. Il marque ordinairement le retranchement d'une lettre.

D. Que remarquez-vous sur l'*y* grec ?

R. L'*y* grec s'emploie le plus souvent pour deux *i*, comme dans *pays, moyen, joyau*, qu'on prononce comme, *pai-is, moi-ien, joi-iau*, en joignant le premier *i* à la syllabe qui précède, et le second *i* à la syllabe qui suit. Mais l'*y* grec n'a que la valeur de l'*i* simple, lorsqu'il se trouve entre deux consonnes, comme dans ces mots d'origine grecque, *système, abyme, étymologie, hypocrisie ;* prononcez : *sistème, abîme, étimologie, hipocrisie, etc.,* comme si l'*y* grec était un *i* simple.

D. Que remarquez-vous sur la lettre *h* ?

R. La lettre *h* est muette ou aspirée.

Elle est muette, lorsqu'elle ne se fait point sentir dans la prononciation, comme dans ces mots, l'*hommage*, l'*histoire*, qu'on prononce comme s'il y avait l'*ommage*, l'*istoire* (sans *h*).

Elle est *aspirée*, lorsqu'elle fait prononcer du gosier la voyelle qui suit, comme dans ces mots, le *hameau*, le *héros*, le *héraut d'armes*, la *harangue*, etc., qu'on écrit et qu'on prononce séparément. Les mots qui commencent par un *h* aspiré se prononcent au pluriel sans aucune liaison avec la consonne finale du mot précédent. Ainsi, dites : *lé-héros*, et non point les *zhéros*.

D. Qu'est-ce qu'une syllabe ?

R. On appelle *syllabe* une ou plusieurs lettres qui forment un son, et se prononcent par une seule émission de voix. *But, traits,* sont des mots d'une syllabe. Dans le mot *ame*, *a* fait une syllabe, et *me* en fait une autre. Les mots qui ne sont que d'une syllabe s'appellent *monosyllabes*.

D. Combien la langue française emploie-t-elle de sortes de mots ?

R. La langue française emploie dix sortes de mots, qu'on appelle les *parties du discours*. Ce sont : le substantif, l'article, l'adjectif, le pronom, le verbe, le participe, l'adverbe, la préposition, la conjonction, et l'interjection.

CHAPITRE PREMIER.

LE SUBSTANTIF.

D. Qu'est-ce que le substantif ?

R. Le *substantif*, ou *nom*, est un mot dont on se sert pour désigner *la substance*, c'est-à-dire, tout être qui subsiste par lui-même. Les êtres sont animés ou inanimés. Les êtres animés s'appellent *personnes ;* les êtres inanimés forment la classe des *choses*. Le substantif désigne donc une *personne* ou une *chose*.

D. Combien distingue-t-on de sortes de substantifs ?

R. On distingue deux sortes de substantifs ou noms, savoir, le nom commun et le nom propre.

Le nom *commun*, ou *appellatif*, est celui qui convient à toute une espèce. *Homme, fleuve, ville*, sont des noms *communs*.

Le nom *propre* est celui qui ne convient

qu'à un *individu. Alexandre, Philippe, Julie, Seine, Paris,* etc., sont des noms *propres.*

D. Que faut-il considérer dans les substantifs?

R. Il faut y considérer le genre et le nombre.

D. Combien y a-t-il de genres ?

R. Il y a deux genres, le masculin et le féminin. Les noms d'hommes et de mâles sont du genre masculin, comme, un *soldat,* un *cheval.* Les noms de femmes et de femelles sont du genre féminin, comme, une *nourrice,* une *génisse,* etc.; puis, par imitation, on a donné le genre masculin et le genre féminin à des choses qui ne sont ni mâles ni femelles, comme, un *arbre,* une *table,* etc.

D. Que désignent les nombres ?

R. Les nombres désignent ou l'unité ou la pluralité des objets. De là, deux nombres : le *singulier,* qui indique un seul objet, comme, le *père,* un *arbre,* etc.; et le *pluriel,* qui marque plusieurs objets, comme, les *pères,* des *arbres,* etc.

D. Les substantifs s'écrivent-ils au pluriel comme au singulier?

R. Non. Pour marquer qu'un substantif est au pluriel, on ajoute ordinairement un *s* à la fin. Exemples : le *père,* les *pères;* le *bain,* les *bains;* la *mère,* les *mères;* la *danse,* les *danses;* etc.

D. Quelles sont les exceptions à cette règle?

R. Les voici :

Première exception. Les substantifs qui se terminent au singulier par *s, x,* ou *z,* n'ajoutent rien au pluriel. Exemples : la *souris,* les *souris;* la *perdrix,* les *perdrix;* la *noix,* les *noix;* le *riz,* les *riz;* le *nez,* les *nez.*

Deuxième exception. Les substantifs qui se terminent au singulier par *au*, *eu*, prennent *x* au pluriel : *l'oiseau*, les *oiseaux* ; le *jeu*, les *jeux* ; etc. Quelques noms terminés en *ou* forment aussi leur pluriel en prenant un *x*, comme le *caillou*, le *chou*, le *hibou*, le *joujou*, le *verrou*, qui font au pluriel les *cailloux*, les *choux*, les *hiboux*, les *joujoux*, les *verroux*, et qu'on ferait mieux d'écrire avec un *s*. Pourquoi ne supprimons-nous point toutes ces exceptions, et ne nous en tenons-nous point aux règles générales ?

Troisième exception. La plupart des substantifs terminés au singulier par *al*, *ail*, forment leur pluriel en *aux* : le *mal*, les *maux* ; le *canal*, les *canaux* ; le *travail*, les *travaux* ; le *corail*, les *coraux* ; etc. Mais *bal*, *régal*, font au pluriel, *bals*, *régals* ; *détail*, *éventail*, *portail*, *gouvernail*, *camail*, *épouvantail*, font au pluriel : *détails*, *éventails*, *portails*, *gouvernails*, *camails*, *épouvantails*. *Ail* (légume) *fait aulx*. *Aïeul*, *ciel*, *œil*, font *aïeux*, *cieux*, *yeux* ; mais *ciel de lit* fait au pluriel *ciels de lit* ; *œil de bœuf* (petite lucarne) fait *œils de bœuf*.

Quatrième exception. Les noms propres ne prennent point la marque du pluriel. Écrivez : *les deux Corneille sont nés à Rouen*. Et quand ces noms ne sont plus employés pour désigner des individus d'une même famille, mais des personnes qui ressemblent à quelque homme célèbre, par leurs talents, leur gloire, leurs vertus, ils deviennent alors des noms communs, et prennent la marque du pluriel. Ainsi, vous devez écrire : *touts les siècles ne produisent pas des Corneilles*.

Cinquième exception. Plusieurs noms pris du latin, ou de quelque langue étrangère, ne reçoivent point la marque du pluriel. On écrit sans *s* des *duo*, des *alibi*, des *opéra*, des *alinéa*, des *quiproquo*, des *zéro*, des *accessit*, etc. Mais, puisque ces noms ont passé dans notre langue, on devrait les écrire au pluriel comme les autres noms, en ajoutant *s* à la fin. Quand aurons-nous donc le courage de faire ce que la raison prescrit, et de simplifier ainsi notre grammaire? Il faut bien que quelqu'un commence.

REMARQUE. On forme ordinairement le pluriel des noms terminés par *ant* ou par *ent*, en changeant le *t* en *s*. Ainsi, l'on écrit, au singulier, un *brillant*, un *intendant*, un *président*, un *sergent*, etc.; et au pluriel, des *brillans*, des *intendans*, des *présidens*, des *sergens*, etc. C'est une exception à la règle générale qui demande que, pour former le pluriel des substantifs, on ajoute un *s* à l'orthographe du singulier. Cette exception me paraît devoir être rejetée, à cause du grand nombre d'inconvénients qu'elle présente.

D'abord, ceux qui suppriment le *t* dans le pluriel des noms qui finissent en *ant* ou bien en *ent*, veulent qu'on le conserve dans les *monosyllabes*, et qu'on écrive des *chants*, des *gants*, des *dents*, les *vents*, etc. Voilà une seconde exception à une première, et une singularité bien fâcheuse. Ne vaut-il pas mieux diminuer le nombre des exceptions autant qu'on peut?...... Ensuite, on ne peut plus distinguer, au pluriel, les noms qui ont un *t* dans le singulier, d'avec ceux qui n'en ont point. On écrit de la même manière, au pluriel, *diamans* et *courtisans*, *surveillans* et *volcans*, quoique l'orthographe soit différente au singulier.... Enfin, en supprimant le *t* au pluriel, on perd l'avantage de connaître la lettre finale du singulier, et de tirer du substantif *brillant* le verbe *brillanter*; du substantif *sergent* le verbe *sergenter*; etc.... Nous devons donc, comme les auteurs de PORT-ROYAL, conserver le *t* dans touts les noms terminés en *ant* ou en *ent*.

CHAPITRE II.

L'ARTICLE.

D. Qu'est-ce que l'article ?

R. L'*article* est un mot qui se met devant les noms communs, et qui en détermine la signification.

Les articles sont : *le*, *la*, *les*. L'article *le* se met devant les noms communs masculins singuliers : *le* père, *le* rosier. L'article *la* se met devant les noms féminins singuliers, *la* mère, *la* rose, etc.

L'article *les* se met devant touts les noms pluriels, soit masculins, soit féminins : *les* pères, *les* mères, *les* rosiers, *les* roses. Ces trois articles, *le*, *la*, *les*, s'appellent articles *simples*.

D. Avons-nous des articles *composés* ?

R. On donne le nom d'articles *composés* à des mots formés d'un article simple et de l'une des deux prépositions *de* ou *à*. Ainsi, on dit *du* pour *de le*, devant un nom masculin singulier qui commence par une consonne : *la maison* du *prince.* On dit *des* pour *de les* devant touts les noms pluriels : *la maison* des *princes* , des *princesses ;* le corps des *offi-ciers, etc.* De même , on dit *au* pour *à le* devant un nom masculin singulier qui commence par une consonne : *j'ai parlé* au *prince.* On dit *aux* pour *à les* devant touts les noms pluriels : *j'ai parlé* aux *princes* , aux *princesses ,* etc. *Du , des , au , aux ,* sont des articles *composés.*

D. Que remarquez-vous encore sur l'article ?

R. On doit remarquer que l'on retranche *e* dans l'article *le,* et *a* dans l'article *la ,* devant un mot qui commence par une voyelle ou par un *h* muet. Ainsi , l'on écrit *l'ami ,* pour *le ami , l'horloge* pour *la horloge.* Mais alors on met , à la place de la lettre retranchée, cette petite figure (') , que l'on appelle une *apostrophe.*

CHAPITRE III.

L'ADJECTIF.

D. Qu'est-ce que l'adjectif ?

R. L'*adjectif* est un mot qui marque la qualité ou la manière d'être de la *personne* ou de la *chose* que le substantif désigne. Quand je dis , *bon* père , *beau* temps , *bon* et *beau* sont des adjectifs qui qualifient *père* et *temps.*

D. Les adjectifs sont-ils susceptibles des deux genres ?

R. Oui. Les adjectifs prennent les deux genres , le *masculin* et le *féminin.*

D. Comment se forme le féminin dans les adjectifs ?

R. *Règle générale.* Quand un adjectif ne finit

point par un *e* muet, on y ajoute un *e* muet, pour former le féminin: *savant, savante; plein, pleine; nu, nue; vert, verte;* etc.

D. Quelles sont les exceptions à cette règle ?
R. Les voici :

Première exception. Les adjectifs *blanc, franc, sec,* font au féminin *blanche, franche, sèche; public, caduc, turc,* font *publique, caduque, turque;* grec fait *grecque.*

Les adjectifs *ignée, instantanée, momentanée, simultanée, spontanée,* s'écrivent avec un *e* muet final au masculin comme au féminin. (ACAD.)

Deuxième exception. Les adjectifs terminés en *f* font leur féminin en *ve.* Exemples : *bref, brève; vif, vive; neuf, neuve;* etc.

Long fait *longue; favori* fait *favorite.*

Troisième exception. Un grand nombre d'adjectifs doublent au féminin leur dernière consonne, en prenant un *e* muet.

Ce sont les adjectifs des terminaisons suivantes :

En *ais : épais, épaisse.* Cependant *mauvais, niais,* font *mauvaise, niaise; frais,* fait *fraîche.*

En *as :* comme, *bas, basse; gras, grasse; las, lasse.* Mais *ras* fait *rase.*

En *el* et en *eil : artificiel, artificielle; continuel, continuelle; superficiel, superficielle; pareil, pareille; vermeil, vermeille;* et touts les adjectifs de ces deux terminaisons, auxquels il faut joindre les adjectifs féminins, *belle, nouvelle, vieille,* dont les masculins *beau, nouveau, vieux,* deviennent *bel, nouvel, vieil,* devant une voyelle ou un *h* muet.... *Fidelle* s'écrit avec deux *ll* au masculin comme au féminin : récit *fidelle*, histoire *fidelle*.

En *et* : *muet*, *muette* ; *net*, *nette*. Mais *discret*, *secret*, *inquiet*, *complet*, font *discrète*, *secrète*, *inquiète*, *complète* (sans doubler le *t*, et en mettant un accent grave sur l'avant-dernier *e*).

En *ein* : *parisien*, *parisienne* ; *quotidien*, *quotidienne* ; etc.

En *il* : *gentil*, *gentille*. Mais les autres adjectifs en *il* forment leur féminin régulièrement : *civil*, *civile* ; *subtil*, *subtile* ; etc. *Tranquille*, prend deux *ll* au masculin comme au féminin : esprit *tranquille*, ame *tranquille*.

En *ol* : *mol*, *molle* ; *fol*, *folle*. Les masculins, *mou* et *fou*, deviennent *mol* et *fol* devant une voyelle ou un *h* muet : un *fol* espoir, un *mol* abandon. Mais *espagnol* fait *espagnole* : la noblesse *espagnole*.

En *on* : *bon*, *bonne* ; *fripon*, *friponne* ; *poltron*, *poltronne* ; etc.

En *os* : *gros*, *grosse*.

En *ot* : *sot*, *sotte* ; *vieillot*, *vieillotte* ; *huguenot*, *huguenotte*. Mais les autres adjectifs en *ot*, forment leur féminin régulièrement : *dévot*, *dévote* ; *idiot*, *idiote* ; etc.

En *ul* : *nul*, *nulle* : c'est la seule exception de cette terminaison.

Quatrième exception. Malin, bénin, font *maligne, bénigne*.

Cinquième exception. Les adjectifs en *eur* font ordinairement leur féminin en *euse* : *trompeur*, *trompeuse* ; *flatteur*, *flatteuse* ; *menteur*, *menteuse*. Mais les adjectifs qui expriment une comparaison, font leur féminin en ajoutant *e :* *meilleur, meilleure ; supérieur, supérieure ; etc.*

Sixième exception. Les adjectifs terminés en *x* changent *x* en *se : dangereux, dangereuse; honteux, honteuse ; jaloux, jalouse ; etc.* Cependant *doux* fait *douce ; roux* fait *rousse; faux* fait *fausse.*

D. Les adjectifs prennent-ils aussi les deux nombres ?

R. Oui : les adjectifs prennent les deux nombres, le *singulier* et le *pluriel.*

D. Comment se forme le pluriel dans les adjectifs ?

R. *Règle.* Le pluriel, dans les adjectifs, se forme, comme dans les substantifs, en ajoutant *s* à la fin. *Vrai, vraie,* au pluriel *vrais, vraies ; obligeant, obligeante,* au pluriel *obligeants, obligeantes.*

D. Y a-t-il quelques exceptions à cette règle?

R. Oui. Les adjectifs dont le masculin se termine en *au* prennent *x* au pluriel: *beau, beaux; nouveau, nouveaux. Bleu* fait au pluriel *bleus:* des yeux *bleus.*

Les adjectifs terminés en *al* font leur pluriel en *aux : égal, égaux ; national, nationaux.* Mais un grand nombre d'adjectifs qui finissent en *al* n'ont point de pluriel masculin, comme, *filial, fatal, frugal, pascal, pastoral, naval, trivial, vénal, littéral, conjugal, austral, boréal, final....* Ainsi, ces adjectifs ne peuvent jamais être joints à des noms masculins pluriels.

Les adjectifs terminés en *ant* ou bien en *ent* ne doivent pas plus perdre le *t* au pluriel que les substantifs qui ont ces mêmes terminaisons.

Écrivez donc : des *hommes savants*, des *hommes prudents*, et non, des *hommes savans, prudens*, etc. (sans *t*).

Des différentes sortes d'adjectifs.

D. Quelles sont les différentes sortes d'adjectifs ?

R. Il y en a un très grand nombre : nous distinguons particulièrement les adjectifs *possessifs*, les adjectifs *démonstratifs*, et les adjectifs *numéraux*.

Adjectifs possessifs.

D. Qu'appelez-vous adjectifs possessifs ?

R. Les adjectifs *possessifs* sont ceux qui servent à exprimer la possession de la personne ou de la chose dont on parle : comme, *mon* fils, *ma* fille, *mon* couteau, *votre* cuiller, *sa* fourchette, etc.

SINGULIER.		PLURIEL.
Masculin.	*Féminin.*	*Des deux genres.*
Mon.	Ma.	Mes.
Ton.	Ta.	Tes.
Son.	Sa.	Ses.
Notre.	Notre.	Nos.
Votre.	Votre.	Vos.
Leur.	Leur.	Leurs.

D. Que remarquez-vous sur les adjectifs possessifs *mon, ton, son* ?

R. Mon, ton, son, s'emploient au féminin devant une voyelle ou un *h* muet ; on dit : *mon* ame pour *ma* ame, *ton* humeur pour *ta* humeur, *son* épée pour *sa* épée.

Adjectifs démonstratifs.

D. Qu'est-ce que les adjectifs démonstratifs ?

R. Les adjectifs *démonstratifs* sont ceux qui

servent à montrer la personne ou la chose dont on parle; comme, quand je dis, *ce* soldat, *cette* mère, *ce* sac, *cette* boîte; je montre un *soldat*, une *mère*, un *sac*, une *boîte;* etc.

SINGULIER.		PLURIEL.
Masculin.	*Féminin.*	*Des deux genres.*
Ce, cet.	Cette.	Ces.

D. Que remarquez-vous sur l'adjectif *ce* ?

R. On met *ce* devant les substantifs qui commencent par une consonne ou par un *h* aspiré: *ce* magistrat, *ce* héros. On met *cet* devant les substantifs qui commencent par une voyelle ou par un *h* muet : *cet ami*, *cet historien*.

Adjectifs numéraux.

D. Qu'appelle-t-on adjectifs *numéraux* ?

R. Les adjectifs *numéraux* sont ceux qui indiquent des rapports aux nombres.

Il y en a de deux sortes : les adjectifs de nombre *cardinal*, et les adjectifs de nombre *ordinal*.

Les adjectifs de nombre *cardinal* désignent une quantité sans marquer l'ordre; ce sont : *un, deux, trois, quatre, cinq, six, sept, huit, neuf, dix, onze, douze, treize, quatorze, quinze, seize, dix-sept, dix-huit, dix-neuf, vingt, trente, quarante, cinquante, soixante, quatre-vingt, cent, mille,* etc.

Les adjectifs de nombre *ordinal* marquent l'ordre, et se forment des adjectifs cardinaux; ce sont : *premier, second, troisième, quatrième, cinquième, sixième, septième, huitième, neuvième, dixième,* etc.

Les adjectifs *possessifs*, les adjectifs *démonstratifs*, et les adjectifs *numéraux*, tiennent souvent lieu d'*articles*, et donnent au substantif qui les suit un sens fixe et déterminé : *notre voisin*, *ces femmes*, trois *hommes*, etc.

Degrés de signification dans les adjectifs.

D. Combien distinguez-vous de degrés de signification dans les adjectifs ?

R. Il y a trois degrés de signification dans les adjectifs ; savoir : le *positif*, le *comparatif*, et le *superlatif*.

Le *positif* est l'adjectif marquant simplement la qualité, comme : *le soleil est* brillant ; *la vie est* courte.

Le *comparatif* est l'adjectif exprimant la qualité avec comparaison. Quand on compare un objet avec un autre, il peut en résulter un rapport de *supériorité*, un rapport d'*infériorité*, ou un rapport d'*égalité* ; ce qui forme trois sortes de *comparatifs*.

Le comparatif de *supériorité* se marque en mettant *plus* devant l'adjectif, et la conjonction *que* après : *mon jardin est* plus *grand* que *le vôtre*.

Le comparatif d'*infériorité* se marque en mettant les adverbes *moins, pas aussi*, devant l'adjectif, et la conjonction *que* après : *votre jardin est* moins *grand, n'est* pas aussi *grand* que *le mien*.

Le comparatif *d'égalité* se marque par l'adverbe *aussi*, et la conjonction *que*. Exemple : *votre jardin est* aussi *grand* que *le mien*.

Remarque. La conjonction *que*, placée après un comparatif de *supériorité* ou d'*infériorité*, demande toujours la particule *ne* devant le verbe qui suit: *plus grand que vous* ne *le disiez; mieux qu'il* ne *pensait. Que*, après *autre*, suit la même règle : *vous les voyez tout autres qu'ils* ne *sont.*

D. Avons-nous des adjectifs qui expriment seuls une comparaison ?

R. Nous avons trois comparatifs qui s'expriment en un seul mot : *meilleur*, au lieu de *plus bon*, qui ne se dit point ; *moindre*, au lieu de *plus petit ; pire*, au lieu de *plus mauvais.* Exemples : *la vertu est* meilleure *que la science; vos peines sont* moindres *que les miennes ; le* remède est pire *que le mal.*

D. Qu'est-ce que le superlatif?

R. C'est l'adjectif exprimant la qualité portée au suprême degré.

Il y a deux sortes de superlatifs : 1° Le superlatif *absolu*, qui se forme avec le mot *très*, ou avec *fort*, *extrémement ;* et, quand il y a admiration, avec *bien.* Exemples : *cet enfant est* très *docile ; cet enfant est* fort *aimable ; voilà un enfant* bien *raisonnable!*

REMARQUE. *Très* ne doit jamais se mettre dans une phrase négative, ni devant un participe passé. Ne dites donc point : *ce livre est* très *augmenté;* mais, *ce livre est* fort *augmenté.* Ne dites pas non plus : *le temps n'est pas* très *froid;* mais *le temps n'est pas* bien *froid.*

2° Le superlatif *relatif*, qui marque un rapport à d'autres objets, et s'exprime en mettant devant le comparatif les articles *le, la, les,* ou un adjectif possessif. Exemples : *le paon est* le plus *beau des oiseaux; c'est* mon plus proche *voisin.*

Accord des adjectifs avec les substantifs.

D. Comment l'adjectif s'accorde-t-il avec le substantif ?

R. *Première règle.* Tout adjectif doit être du même genre et du même nombre que le substantif auquel il se rapporte.

EXEMPLES.

Le soulier blanc.	*Les souliers blancs.*
La belle robe.	*Les belles robes.*

D. De quel nombre doit être l'adjectif qui se rapporte à deux substantifs singuliers ?

R. *Deuxième règle.* L'adjectif qui se rapporte à deux substantifs singuliers doit se mettre au pluriel, parce que deux singuliers font un pluriel.

EXEMPLE.

Le roi et le berger sont égaux après la mort.

D. Si les deux substantifs sont de différent genre, de quel genre doit être l'adjectif ?

R. *Troisième règle.* L'adjectif qui se rapporte à deux substantifs de différent genre, doit se mettre au masculin pluriel.

EXEMPLES.

Le frère et la sœur sont également bons.
Le vice et la vertu sont opposés.
J'ai retrouvé mon père et ma mère malheureux.

Mais, si les deux substantifs de différent genre étaient des noms de *choses*, et se trouvaient placés en complément d'un verbe ou d'une préposition, l'adjectif devrait s'accorder avec le dernier des substantifs.

EXEMPLES.

Nous trouvâmes les étangs et les rivières glacées.

Voilà des cris et des plaintes bien dangereuses.

CHAPITRE IV.

LE PRONOM.

D. Qu'est-ce que le pronom ?

R. Le *pronom* est un mot qui tient la place d'un nom. On divise les pronoms en *personnels, possessifs, démonstratifs, relatifs, interrogatifs, et indéfinis.*

Pronoms personnels.

D. Qu'appelez-vous pronoms personnels ?

R. Les pronoms *personnels* sont ceux qui désignent les personnes.

Il y a trois personnes : la première est celle qui parle ; la seconde est celle à qui l'on parle ; et la troisième est celle de qui l'on parle.

D. Quels sont les pronoms de la première personne ?

R. Ce sont *je* ou *moi* pour le singulier, et *nous* pour le pluriel. Ces pronoms sont des deux genres.

On dit *me* pour *à moi*, ou *moi :* Vous *me* parlez, c'est-à-dire, vous parlez *à moi.* Vous *me* regardez, c'est-à-dire, vous regardez *moi.*

D. Quels sont les pronoms de la seconde personne ?

R. Ce sont *tu* ou *toi* pour le singulier, et *vous* pour le pluriel. Ces pronoms sont aussi des deux genres.

On dit *te* pour *à toi* ou *toi* : Je *te* parle, c'est-à-dire, je parle à *toi.* Je *te* vois, c'est-à-dire, je vois *toi.*

D. N'emploie-t-on le pronom *vous* qu'en parlant à plusieurs personnes ?

R. Par politesse, on dit *vous*, au lieu de *tu*, au singulier ; par exemple, en parlant à un enfant, *Vous* êtes bien raisonnable !

D. Quels sont les pronoms de la troisième personne ?

R. Ce sont : *il* pour le masculin, *elle* pour le féminin, au singulier ; *ils* pour le masculin, *elles* pour le féminin, au pluriel.

On dit *lui* pour *à lui*, *à elle*. Exemple : vous *lui* parlerez, c'est-à-dire, vous parlerez *à lui*, *à elle.*

On dit *leur*, pour *à eux*, *à elles*. Exemple : vous *leur* parlerez, c'est-à-dire, vous parlerez *à eux*, *à elles.*

On dit *se*, pour *à soi*, *soi*. Exemples : On *se* fait un devoir, c'est-à-dire, on fait *à soi.* On *se* gâte, c'est-à-dire, on gâte *soi.* Les grammairiens appellent *pronom réfléchi* le pronom *se*, *soi*, parce qu'il marque le rapport d'une personne ou d'une chose à elle-même : *me*, *te*, *nous*, *vous*, s'emploient aussi quelquefois comme pronoms *réfléchis*, devant un verbe dont ils sont le complément : je me *défends*, tu te *défends*, *il* ou *elle* se *défend* ; *nous* nous *défendons*, *vous* vous *défendez*, *ils* ou *elles* se *défendent.*

Pronoms possessifs.

D. Qu'est-ce que les pronoms possessifs ?

R. Les pronoms *possessifs* sont ceux qui marquent la possession des personnes ou des choses.

SINGULIER.		PLURIEL.	
Masculin.	*Féminin*	*Masculin.*	*Féminin.*
Le mien.	La mienne.	Les miens.	Les miennes.
Le tien.	La tienne.	Les tiens.	Les tiennes.
Le sien.	La sienne.	Les siens.	Les siennes
		Des deux genres.	
Le nôtre.	La nôtre.	Les nôtres.	
Le vôtre.	La vôtre.	Les vôtres.	
Le leur.	La leur.	Les leurs.	

Pronoms démonstratifs.

D. Qu'appelle-t-on pronoms démonstratifs ?

R. Les pronoms *démonstratifs* sont ceux qui servent à montrer les personnes ou les choses dont on parle.

SINGULIER.		PLURIEL.	
Masculin.	*Féminin.*	*Masculin.*	*Féminin.*
Celui.	Celle.	Ceux.	Celles.
Celui-ci.	Celle-ci.	Ceux-ci.	Celles-ci.
Celui-là.	Celle-là.	Ceux-là.	Celles-là.
Ce, Ceci, Cela.			

Celui-ci, celle-ci, s'emploient pour montrer des choses qui sont proches ; *celui-là, celle-là,* pour montrer des choses éloignées.

Pronoms relatifs.

D. Qu'est-ce que les pronoms relatifs ?

R. Les pronoms *relatifs* sont ceux qui ont rapport à un nom ou à un autre pronom qui les précède, et qu'on appelle *antécédent*, comme, quand je dis, « *Dieu,* qui *a créé le monde* », *qui* se rapporte à *Dieu*; « *le livre* que je lis », *que* se rapporte à *livre*. *Dieu* est l'antécédent du pronom relatif *qui ; livre* est l'antécédent du pronom relatif *que.* Les pronoms *qui, que,* sont des deux genres et des deux nombres ; *qui* est toujours le sujet du verbe qui le suit, et *que* en est toujours le complément.

<table>
<tr><td colspan="2" align="center">SINGULIER.</td><td colspan="2" align="center">PLURIEL.</td></tr>
<tr><td align="center">*Masculin.*</td><td align="center">*Féminin.*</td><td align="center">*Masculin.*</td><td align="center">*Féminin.*</td></tr>
<tr><td>Lequel.</td><td>Laquelle.</td><td>Lesquels.</td><td>Lesquelles.</td></tr>
</table>

On dit *duquel*, pour *de lequel; auquel*, pour *à lequel; desquels*, pour *de lesquels; desquelles*, pour *de lesquelles; auxquels*, pour *à lesquels; auxquelles*, pour *à lesquelles.*

Dont s'emploie pour *duquel, de laquelle, desquels*, et *desquelles.*

Le, la, les, sont d'autres pronoms relatifs, dont le premier est pour le genre masculin, le second pour le genre féminin, le troisième pour les *deux* genres, au pluriel. *Voilà un bon livre, lisez-le. Vous avez la gazette, donnez-la-moi. Quand vous aurez des nouvelles, vous me* les *ferez savoir.* Les pronoms *le, la, les*, sont presque toujours placés en complément du verbe qui les suit. Ils se mettent après le verbe, quand ce verbe est à une première ou bien à une seconde personne de l'impératif.

Enfin, il y a deux mots qui sont encore des pronoms relatifs, savoir, *en* et *y.*

En sert à désigner une personne ou une chose dont on vient de parler. Exemples : *Cette affaire est délicate, le succès* en *est douteux;* c'est-à-dire, le succès *d'elle*, de cette affaire, est douteux. *Cette maladie est dangereuse; il pourrait bien* en *mourir. Vient-il de la cour ? Oui, il* en *vient.*

Y signifie *à cela, à cet homme-là, en cet endroit-là.* Exemples : *J'y répondrai dans la suite. C'est un honnête homme, fiez-vous-y. Voulez-vous y aller ? J'y passerai. Etc.*

Pronoms interrogatifs.

D. Que nommez-vous pronoms interrogatifs ?

R. Les pronoms *interrogatifs* sont ceux qui
servent à interroger.

Qui, que, quoi.

On connaît que ces pronoms sont interrogatifs, quand ils n'ont point d'antécédent, et
qu'on peut les changer en *quelle personne*, ou
en *quelle chose.*

EXEMPLES.

Qui *oserait ? etc.*
Que *faites-vous là ?*
A quoi *pensez-vous ?*

Pronoms indéfinis.

D. Qu'est-ce que l'on appelle pronoms indéfinis ?

R. Les pronoms *indéfinis* sont ceux qui ont
une signification générale et indéterminée,
comme, *on, quiconque, chacun, nul, aucun,
pas un, tel, qui que ce soit, quoi que ce soit,
quoi, etc.*

EXEMPLES.

On *vous attend.*
Quiconque *est paresseux reste ignorant.*
Chacun *sent son mal.*
Pas un *ne vous croit.*
Tel *qui rit vendredi, dimanche pleurera.*
Qui que ce soit *qui vienne, etc.*
Quoi que ce soit *qui vous ait retenu.*
Quoi *qu'il en soit.*
Les mots, *les uns, les autres,* sont aussi des

pronoms *indéfinis*, quand ils sont employés seuls, comme dans cette phrase : les uns *sont de cet avis*, les autres *n'en sont point.*

REMARQUE. On appelle *pronom absolu* le pronom *il* placé devant un verbe unipersonnel, parce qu'il ne se rapporte à rien, et qu'on ne peut mettre à sa place ni un nom ni un autre pronom.

Accord des pronoms.

D. Quelle règle d'accord suivent les pronoms ?

R. *Règle.* Les pronoms doivent toujours être du même genre, du même nombre et de la même personne que le nom dont ils tiennent la place. Ainsi, en parlant d'une dame, dites : elle *viendra ce soir. Elle*, parce que ce pronom se rapporte à *dame*, qui est du féminin et au singulier. Dites aussi : *ce sont vos affaires, comme les* miennes. Les *miennes*, parce que ce pronom se rapporte à *affaires*, qui est du féminin et au pluriel.

CHAPITRE V.

LE VERBE.

D. Qu'est-ce que le verbe ?

R. Le *verbe* est un mot dont on se sert pour exprimer que l'on est, ou que l'on fait quelque chose. Ainsi, le verbe indique un état ou une action.

D. A quoi reconnaît-on qu'un mot soit un verbe ?

R. On connaît qu'un mot est un verbe, quand on peut placer devant ce mot les pronoms *je, tu, il, elle, ils, elles, nous ; etc.*

D. Que marquent ces pronoms ?

R. Les pronoms *je, nous,* marquent la première personne, c'est-à-dire, celle qui parle ; *tu, vous,* marquent la seconde personne, c'est-à-dire, celle à qui l'on parle ; *il, elle, ils, elles,* et tout nom placé devant un verbe, marquent la troisième personne, c'est-à-dire, celle de qui l'on parle.

D. Les verbes prennent-ils les deux nombres ?

R. Oui, les verbes sont susceptibles des deux nombres. On emploie le *singulier,* quand on parle d'une seule personne ; comme, *je chante, mon frère joue.* On emploie le *pluriel,* quand on parle de plusieurs personnes ; comme, *nous chantons, mes frères jouent.*

D. Outre les *personnes* et les *nombres,* que faut-il encore considérer dans les verbes ?

R. Il faut y considérer les *modes* et les *temps.*

D. Qu'appelez-vous *mode* dans un verbe ?

R. On appelle mode, dans un verbe, la manière de signifier de ce verbe.

D. Combien distinguez-vous de *modes* dans les verbes ?

R. Il y en a cinq ; savoir :

1° L'*indicatif,* quand on affirme que la chose est, ou qu'elle a été, ou qu'elle sera.

2° Le *conditionnel,* quand on dit qu'une chose serait, ou qu'elle aurait été, ou qu'elle eût été, moyennant une condition.

3° *L'impératif*, quand on commande de la faire.

4° Le *subjonctif*, quand on souhaite ou qu'on doute qu'elle se fasse.

5° *L'infinitif*, qui exprime l'action ou l'état en général, sans nombres ni personnes , comme, *lire* , *être*.

D. Combien y a-t-il de temps dans les verbes?

R. Il y a trois temps : le *présent* , qui marque que la chose est ou se fait actuellement, comme, *je lis ;* le *passé* ou *prétérit* , qui marque que la chose a été faite , comme , *j'ai lu ;* le *futur*, qui marque que la chose sera ou se fera , comme , *je lirai.*

D. Combien distingue-t-on de passés?

R. On distingue plusieurs sortes de passés ; savoir : un *imparfait*, *Je lisais ;* trois *prétérits, Je lus* , *j'ai lu* , *j'eus lu ;* et un *plusque-parfait, J'avais lu.*

D. Y a-t-il aussi plusieurs futurs ?

R. Il y a deux futurs : le futur *simple* , *Je lirai ;* et le futur *composé* ou *antérieur* , *J'aurai lu.*

D. Qu'est-ce que conjuguer un verbe ?

R. *Conjuguer* un verbe , c'est écrire ou réciter de suite les différents *modes* de ce verbe , avec touts leurs *temps* , leurs *nombres* , et leurs *personnes.*

D. Combien avons-nous de conjugaisons ?

R. Il y a quatre conjugaisons différentes , que l'on distingue par la terminaison du présent de l'infinitif.

La première conjugaison a le présent de l'infinitif terminé en *er*, comme, *adorer.*

La seconde a l'infinitif terminé en *ir*, comme, *unir*.

La troisième a l'infinitif terminé en *oir*, comme, *percevoir*.

La quatrième a l'infinitif terminé en *re*, comme, *entendre*.

Il y a deux verbes que l'on nomme *auxiliaires*, parce qu'ils *aident* à conjuguer touts les autres. Nous commencerons par ces deux verbes.

Verbe auxiliaire ÊTRE.

INDICATIF.
Présent.

Je suis.
Tu es.
Il *ou* elle est.
Nous sommes.
Vous êtes.
Ils *ou* elles sont.

Imparfait.

J'étais.
Tu étais.
Il *ou* elle était.

Nous étions.
Vous étiez.
Ils *ou* elles étaient.

Prétérit défini (*).

Je fus.
Tu fus.
Il *ou* elle fut.
Nous fûmes.
Vous fûtes.
Ils *ou* elles furent.

Prétérit indéfini.

J'ai été.

(*) On appelle prétérit *défini* celui qui marque un temps entièrement passé ; exemple : *j'eus hier la fièvre*. On appelle prétérit *indéfini*, celui qui marque un temps dont il peut rester encore quelque partie à s'écouler ; exemple : *j'ai eu la fièvre aujourd'hui*. On appelle prétérit *antérieur* celui qui marque une chose faite avant une autre ; exemple : *dès que nous eûmes vu la fête, nous partîmes*.

Tu as été.
Il *ou* elle a été.
Nous avons été.
Vous avez été.
Ils *ou* elles ont été.

PRÉTÉRIT ANTÉRIEUR.

J'eus été.
Tu eus été.
Il *ou* elle eut été
Nous eûmes été.
Vous eûtes été.
Ils *ou* elles eurent été.

PLUSQUE-PARFAIT.

J'avais été.
Tu avais été.
Il *ou* elle avait été.
Nous avions été.
Vous aviez été.
Ils *ou* elles avaient été.

FUTUR SIMPLE.

Je serai.
Tu seras.
Il *ou* elle sera.
Nous serons.
Vous serez.
Ils *ou* elles seront.

FUTUR COMPOSÉ.

J'aurai été.
Tu auras été.
Il *ou* elle aura été.
Nous aurons été.
Vous aurez été.
Ils *ou* elles auront été.

CONDITIONNEL.

PRÉSENT.

Je serais.
Tu serais.
Il *ou* elle serait.
Nous serions.

Vous seriez.
Ils *ou* elles seraient.

PASSÉ.

J'aurais été.
Tu aurais été.
Il *ou* elle aurait été.
Nous aurions été.
Vous auriez été.
Ils *ou* elles auraient été.

SECOND CONDITIONNEL PASSÉ.

J'eusse été.
Tu eusses été.
Il *ou* elle eût été.
Nous eussions été.
Vous eussiez été.
Ils *ou* elles eussent été.

IMPÉRATIF.

(*Point de première personne au singulier.*)

Sois.
Qu'il *ou* qu'elle soit.
Soyons.
Soyez.
Qu'ils *ou* qu'elles soient.

SUBJONCTIF.

PRÉSENT ou FUTUR.

Que je sois.
Que tu sois.
Qu'il *ou* qu'elle soit.
Que nous soyons.
Que vous soyez.
Qu'ils *ou* qu'elles soient.

IMPARFAIT.

Que je fusse.
Que tu fusses.
Qu'il *ou* qu'elle fût.
Que nous fussions.
Que vous fussiez.
Qu'ils *ou* qu'elles fussent.

PRÉTÉRIT.

Que j'aie été.
Que tu aies été.
Qu'il *ou* qu'elle ait été.
Que nous ayons été.
Que vous ayez été.
Qu'ils *ou* qu'elles aient été.

PLUSQUE-PARFAIT.

Que j'eusse été.
Que tu eusses été.
Qu'il *ou* qu'elle eût été.
Que nous eussions été.
Que vous eussiez été.
Qu'ils *ou* qu'elles eussent été.

INFINITIF.

PRÉSENT.

Être.

PRÉTÉRIT.

Avoir été.

PARTICIPE.

PRÉSENT.

Étant.

PASSÉ.

Été, ayant été.

FUTUR.

Devant être.

=======================

Verbe auxiliaire AVOIR.

INDICATIF.

PRÉSENT.

J'ai.
Tu as (*).
Il *ou* elle a.
Nous avons.
Vous avez.
Ils *ou* elles ont.

IMPARFAIT.

J'avais.
Tu avais.
Il *ou* elle avait.
Nous avions.
Vous aviez.
Ils *ou* elles avaient.

PRÉTÉRIT DÉFINI.

J'eus.

Tu eus.
Il *ou* elle eut.
Nous eûmes.
Vous eûtes.
Ils *ou* elles eurent.

PRÉTÉRIT INDÉFINI.

J'ai eu.
Tu as eu.
Il *ou* elle a eu.
Nous avons eu.
Vous avez eu.
Ils *ou* elles ont eu.

PRÉTÉRIT ANTÉRIEUR.

J'eus eu.
Tu eus eu.
Il *ou* elle eut eu.
Nous eûmes eu.

(*) Toutes les secondes personnes du singulier ont un *s* à la fin, excepté à l'impératif des verbes de la première conjugaison et de quelques-uns de la seconde.

Vous eûtes eu.
Ils *ou* elles eurent eu.

PLUSQUE-PARFAIT.

J'avais eu.
Tu avais eu.
Il *ou* elle avait eu.
Nous avions eu.
Vous aviez eu.
Ils *ou* elles avaient eu.

FUTUR SIMPLE.

J'aurai.
Tu auras.
Il *ou* elle aura.
Nous aurons.
Vous aurez.
Ils *ou* elles auront.

FUTUR COMPOSÉ.

J'aurai eu.
Tu auras eu.
Il *ou* elle aura eu.
Nous aurons eu.
Vous aurez eu.
Ils *ou* elles auront eu.

CONDITIONNEL.

PRÉSENT.

J'aurais.
Tu aurais.
Il *ou* elle aurait.
Nous aurions.
Vous auriez.
Ils *ou* elles auraient.

PASSÉ.

J'aurais eu.
Tu aurais eu.
Il *ou* elle aurait eu.
Nous aurions eu.
Vous auriez eu.
Ils *ou* elles auraient eu.

SECOND CONDITIONNEL PASSÉ.

J'eusse eu.
Tu eusses eu.
Il *ou* elle eût eu.
Nous eussions eu.
Vous eussiez eu.
Ils *ou* elles eussent eu.

IMPÉRATIF.

(Point de première per-
sonne au singulier.)

Aie.
Qu'il *ou* qu'elle ait.
Ayons.
Ayez.
Qu'ils *ou* qu'elles aient.

SUBJONCTIF.

PRÉSENT ou FUTUR.

Que j'aie.
Que tu aies.
Qu'il *ou* qu'elle ait.
Que nous ayons.
Que vous ayez.
Qu'ils *ou* qu'elles aient.

IMPARFAIT.

Que j'eusse.
Que tu eusses.
Qu'il *ou* qu'elle eût.
Que nous eussions.
Que vous eussiez.
Qu'ils *ou* qu'elles eussent.

PRÉTÉRIT.

Que j'aie eu.
Que tu aies eu.
Qu'il *ou* qu'elle ait eu.
Que nous ayons eu.
Que vous ayez eu.
Qu'ils *ou* qu'elles aient eu.

PLUSQUE-PARFAIT.

Que j'eusse eu.

Que tu eusses eu.
Qu'il *ou* qu'elle eût eu.
Que nous eussions eu.
Que vous eussiez eu.
Qu'ils *ou* qu'elles eussent
eu.

INFINITIF.
Présent.

Avoir.

Prétérit.

Avoir eu.

PARTICIPE.
Présent.

Ayant.

Passé.

Eu, ayant eu.

Futur.

Devant avoir.

PREMIÈRE CONJUGAISON.

EN *er.*

INDICATIF.
Présent.

J'ador *e.*
Tu ador *es.*
Il *ou* elle ador *e.*
Nous ador *ons.*
Vous ador *ez.*
Ils *ou* elles ador *ent.*

IMPARFAIT.

J'ador *ais.*
Tu ador *ais.*
Il *ou* elle ador *ait.*
Nous ador *ions.*
Vous ador *iez.*
Ils *ou* elles ador *aient.*

PRÉTÉRIT DÉFINI.

J'ador *ai.*
Tu ador *as.*
Il *ou* elle ador *a.*
Nous ador *âmes.*
Vous ador *âtes.*
Ils *ou* elles ador *èrent.*

PRÉTÉRIT INDÉFINI.

J'ai adoré.

Tu as adoré.
Il *ou* elle a adoré.
Nous avons adoré.
Vous avez adoré.
Ils *ou* elles ont adoré.

PRÉTÉRIT ANTÉRIEUR.

J'eus adoré.
Tu eus adoré.
Il *ou* elle eut adoré.
Nous eûmes adoré.
Vous eûtes adoré.
Ils *ou* elles eurent adoré.

PLUSQUE-PARFAIT.

J'avais adoré.
Tu avais adoré.
Il *ou* elle avait adoré.
Nous avions adoré.
Vous aviez adoré.
Ils *ou* elles avaient adoré.

FUTUR SIMPLE.

J'ador *erai.*
Tu ador *eras.*
Il *ou* elle ador *era.*
Nous ador *erons.*

Vous ador *erez.*
Ils *ou* elles ador *eront.*

FUTUR COMPOSÉ.

J'aurai adoré.
Tu auras adoré.
Il *ou* elle aura adoré.
Nous aurons adoré.
Nous aurez adoré.
Ils *ou* elles auront adoré.

CONDITIONNEL.

PRÉSENT.

J'ador *erais.*
Tu ador *erais.*
Il *ou* elle ador *erait.*
Nous ador *erions.*
Vous ador *eriez.*
Ils *ou* elles ador *eraient.*

PASSÉ.

J'aurais adoré.
Tu aurais adoré.
Il *ou* elle aurait adoré.
Nous aurions adoré.
Vous auriez adoré.
Ils *ou* elles auraient adoré.

SECOND CONDITIONNEL PASSÉ.

J'eusse adoré.
Tu eusses adoré.
Il *ou* elle eût adoré.
Nous eussions adoré.
Vous eussiez adoré.
Ils *ou* elles eussent adoré.

IMPÉRATIF.

(*Point de première per-*
sonne au singulier.)

Ador *e.*
Qu'il *ou* qu'elle ador *e.*
Ador *ons.*

Ador *ez.*
Qu'ils *ou* qu'elles ador *ent.*

SUBJONCTIF.

PRÉSENT ou FUTUR.

Que j'ador *e.*
Que tu ador *es.*
Qu'il *ou* qu'elle ador *e.*
Que nous ador *ions.*
Que vous ador *iez.*
Qu'ils *ou* qu'elles ador *ent.*

IMPARFAIT.

Que j'ador *asse.*
Que tu ador *asses.*
Qu'il *ou* qu'elle ador *ât.*
Que nous ador *assions.*
Que vous ador *assiez.*
Qu'ils *ou* qu'elles ador *as-*
sent.

PRÉTÉRIT.

Que j'aie adoré.
Que tu aies adoré.
Qu'il *ou* qu'elle ait adoré.
Que nous ayons adoré.
Que vous ayez adoré.
Qu'ils *ou* qu'elles aient
adoré.

PLUSQUE-PARFAIT.

Que j'eusse adoré.
Que tu eusses adoré.
Qu'il *ou* qu'elle eût adoré.
Que nous eussions adoré.
Que vous eussiez adoré.
Qu'ils *ou* qu'elles eussent
adoré.

INFINITIF.

PRÉSENT.

Ador *er.*

PRÉTÉRIT.

Avoir adoré.

2..

PARTICIPE.

PRÉSENT.

Ador *ant.*

PASSÉ.
Adoré, adorée, ayant adoré.
FUTUR.
Devant ador *er.*

Ainsi se conjuguent touts les verbes qui ont le présent de l'infinitif terminé en *er,* comme, *estimer, honorer, inviter, présenter, danser, jouer, éternuer, épuiser, critiquer, marmotter, friser, louer, agréer, créer, récréer, amplifier, convier, défier, épier, délier, enrayer, déblayer, gratifier, spolier, aboyer, nettoyer, ondoyer, balayer, défrayer, essuyer, agacer, émincer, enlacer, craqueter, becqueter, moucheter, marteler, bosseler, morceler, carreler, espérer, écrémer, amener, achever, etc.*

Première remarque. Les verbes qui ont l'infinitif terminé en *yer,* comme, *effrayer, employer, appuyer, etc.*, prennent un *i* simple après l'*y,* aux deux premières personnes plurielles de l'imparfait de l'indicatif. Ainsi, nous écrivons à l'imparfait de l'indicatif : nous *effrayions,* vous *effrayiez;* nous *employions,* vous *employiez;* nous *appuyions,* vous *appuyiez;* etc. On observe la même règle aux deux premières personnes plurielles du présent du subjonctif, parce que la première et la seconde personne du pluriel du présent du subjonctif sont toujours semblables à la première et à la seconde personne du pluriel de l'imparfait de l'indicatif.

Dans les verbes qui ont le présent de l'infinitif en *ier,* comme, *prier, crier, nier, etc.,* ou double l'*i* aux deux premières personnes du pluriel de l'imparfait de l'indicatif et du présent du subjonctif. On écrit donc à l'imparfait : nous *priions*, vous *priiez*, *etc.* ; et, au présent du subjonctif : que nous *priions*, que vous *priiez*, *etc.*

Deuxième remarque. Dans les *verbes en eler*, comme, *appeler*, *étinceler*, *etc.*, la lettre *l* se double dans toutes les personnes où elle est suivie d'un *e* muet. Exemples : *j'appelle*, *j'appellerai*, qu'ils *appellent*, *etc.*

Troisième remarque. Dans les verbes terminés en *eter*, comme, *cacheter*, *jeter*, *etc.*, la lettre *t* se double dans toutes les personnes où elle est suivie d'un *e* muet. Exemples : je *jette*, je *cachetterai*, qu'ils *jettent*, qu'ils *cachettent*, *etc.*

Quatrième remarque. Dans les verbes terminés en *ger*, comme, *juger*, *purger*, *etc.*, il faut mettre un *e* muet après le *g*, dans toutes les personnes où le *g* serait suivi d'un *a* ou d'un *o*. Ainsi, l'on écrit : je *jugeai*, je *purgeais*, nous *jugeons*, nous *purgeons* ; et non, je *jugai*, je *purgais*, nous *jugons*, nous *purgons* ; *etc.*

Cinquième remarque. Dans les verbes terminés par *cer*, comme *menacer*, *annoncer*, *etc.*, on met une cédille sous le *c* dans toutes les personnes où le *c* est suivi d'un *a* ou d'un *o* ; ainsi, l'on écrit : je *menaçai*, *j'annonçais*, nous *menaçons*, nous *annonçons*, *etc.*

Sixième remarque. Dans les verbes dont l'*e* pénultième est muet ou fermé, comme, *mener*, *révéler*, *etc.*, cet *e* devient ouvert et prend un accent grave quand l'*e* de la syllabe suivante est muet. Exemples : je *mène*, je *mènerai* ; je *révèle*, je *révèlerai*. Mais il reste muet ou fermé, quand la syllabe suivante ne se termine point par un *e* muet : nous *menons*, je *révélai*, *etc.*, que *j'espérasse*, *etc.*

SECONDE CONJUGAISON.

EN *ir*.

INDICATIF.
PRÉSENT.
J'un *is*.
Tu un *is*.
Il *ou* elle un *it*.
Nous uniss *ons*.
Vous uniss *ez*.
Ils *ou* elles uniss *ent*.

IMPARFAIT.
J'uniss *ais*.
Tu uniss *ais*.
Il *ou* elle uniss *ait*.
Nous uniss *ions*.
Vous uniss *iez*.
Ils *ou* elles uniss *aient*.

PRÉTÉRIT DÉFINI.
J'un *is*.
Tu un *is*.
Il *ou* elle un *it*.
Nous un *îmes*.
Vous un *îtes*.
Ils *ou* elles un *irent*.

PRÉTÉRIT INDÉFINI.
J'ai uni.
Tu as uni.
Il *ou* elle a uni.
Nous avons uni.
Vous avez uni.
Ils *ou* elles ont uni.

PRÉTÉRIT ANTÉRIEUR.
J'eus uni.
Tu eus uni.
Il *ou* elle eut uni.
Nous eûmes uni.

Vous eûtes uni.
Ils *ou* elles eurent uni.

PLUSQUE-PARFAIT.
J'avais uni.
Tu avais uni.
Il *ou* elle avait uni.
Nous avions uni.
Vous aviez uni.
Ils *ou* elles avaient uni.

FUTUR SIMPLE.
J'uni *rai*.
Tu uni *ras*.
Il *ou* elle uni *ra*.
Nous uni *rons*.
Vous uni *rez*.
Ils *ou* elles uni *ront*.

FUTUR COMPOSÉ.
J'aurai uni.
Tu auras uni.
Il *ou* elle aura uni.
Nous aurons uni.
Vous aurez uni.
Ils *ou* elles auront uni.

CONDITIONNEL.
PRÉSENT.
J'uni *rais*.
Tu uni *rais*.
Il *ou* elle uni *rait*.
Nous uni *rions*.
Vous uni *riez*.
Ils *ou* elles uni *raient*.

PASSÉ.
J'aurais uni.
Tu aurais uni.

Il *ou* elle aurait uni.
Nous aurions uni.
Vous auriez uni.
Ils *ou* elles auraient uni.

SECOND CONDITIONNEL PASSÉ.

J'eusse uni.
Tu eusses uni.
Il *ou* elle eût uni.
Nous eussions uni.
Vous eussiez uni.
Ils *ou* elles eussent uni.

IMPÉRATIF.

(*Point de première per-*
sonne au singulier.)

Unis.
Qu'il *ou* qu'elle uniss *e.*
Uniss *ons.*
Uniss *ez.*
Qu'ils *ou* qu'elles uniss *ent.*

SUBJONCTIF.

PRÉSENT ou FUTUR.

Que j'uniss *e.*
Que tu uniss *es.*
Qu'il *ou* qu'elle uniss *e.*
Que nous uniss *ions.*
Que vous uniss *iez.*
Qu'ils *ou* qu'elles uniss *ent.*

IMPARFAIT.

Que j'un *isse.*
Que tu un *isses.*
Qu'il *ou* qu'elle un *ît.*

Que nous un *issions.*
Que vous un *issiez.*
Qu'ils *ou* qu'elles un *issent.*

PRÉTÉRIT.

Que j'aie uni.
Que tu aies uni.
Qu'il *ou* qu'elle ait uni.
Que nous ayons uni.
Que vous ayez uni.
Qu'ils *ou* qu'elles aient uni.

PLUSQUE-PARFAIT.

Que j'eusse uni.
Que tu eusses uni.
Qu'il *ou* qu'elle eût uni.
Que nous eussions uni.
Que vous eussiez uni.
Qu'ils *ou* qu'elles eussent
uni.

INFINITIF.

PRÉSENT.

Un *ir.*

PRÉTÉRIT.

Avoir uni.

PARTICIPE.

PRÉSENT.

Uniss *ant.*

PASSÉ.

Uni, unie, ayant uni.

FUTUR.

Devant unir.

Ainsi se conjuguent touts les verbes qui ont
le présent de l'infinitif terminé en *ir,* comme,
punir, ourdir, bannir, bâtir, blanchir, noircir,
embellir, vieillir, mûrir, nourrir, souffrir, ouvrir,
bouillir, éblouir, jouir, fuir, offrir, tenir, etc.

Première remarque. Quelques verbes de la seconde conjugaison ont le présent de l'indicatif terminé par un e muet, comme, *ouvrir, souffrir, cueillir, tressaillir,* qui font au présent de l'indicatif, j'*ouvre,* je *souffre,* je *cueille,* je *tressaille. Mentir, sentir,* font, je *mens,* je *sens,* etc.

Deuxième remarque. L'impératif *tiens* du verbe *tenir* devient substantif dans cet exemple : *Un* tiens *vaut mieux que deux* tu l'auras.

Troisième remarque. Le verbe *vêtir* fait au présent de l'indicatif, je *vêts;* et au prétérit défini, je *vêtis.* Mais quelques auteurs emploient je *vêtis,* nous *vêtissons,* au présent de l'indicatif. Ainsi, Delille a dit :

De leurs molles toisons les brebis se vêtissent.

Si l'usage consacre cette terminaison, nous aurons une exception de moins dans notre langue.

TROISIÈME CONJUGAISON.

EN *oir.*

INDICATIF.

PRÉSENT.

Je perç *ois.*
Tu perç *ois.*
Il *ou* elle perç *oit.*
Nous percev *ons.*
Vous percev *ez.*
Ils *ou* elles perçoiv *ent.*

IMPARFAIT.

Je percev *ais.*
Tu percev *ais.*
Il *ou* elle percev *ait.*
Nous percev *ions.*
Vous percev *iez.*
Ils *ou* elles percev *aient.*

PRÉTÉRIT DÉFINI.

Je perç *us.*
Tu perç *us.*
Il *ou* elle perç *ut.*
Nous perç *ûmes.*
Vous perç *ûtes.*
Ils *ou* elles perç *urent.*

PRÉTÉRIT INDÉFINI.

J'ai perçu.
Tu as perçu.
Il *ou* elle a perçu.
Nous avons perçu.
Vous avez perçu.
Ils *ou* elles ont perçu.

PRÉTÉRIT ANTÉRIEUR.

J'eus perçu.

Tu eus perçu.
Il *ou* elle eut perçu.
Nous eûmes perçu.
Vous eûtes perçu.
Ils *ou* elles eurent perçu.

PLUSQUE-PARFAIT.

J'avais perçu.
Tu avais perçu.
Il *ou* elle avait perçu.
Nous avions perçu.
Vous aviez perçu.
Ils *ou* elles avaient perçu.

FUTUR SIMPLE.

Je percev *rai.*
Tu percev *ras.*
Il *ou* elle percev *ra.*
Nous percev *rons.*
Vous percev *rez.*
Ils *ou* elles percev *ront.*

FUTUR COMPOSÉ.

J'aurai perçu.
Tu auras perçu.
Il *ou* elle aura perçu.
Nous aurons perçu.
Vous aurez perçu.
Ils *ou* elles auront perçu.

CONDITIONNEL.

PRÉSENT.

Je percev *rais.*
Tu percev *rais.*
Il *ou* elle percev *rait.*
Nous percev *rions.*
Vous percev *riez.*
Ils *ou* elles percev *rdient.*

PASSÉ.

J'aurais perçu.
Tu aurais perçu.

Il *ou* elle aurait perçu.
Nous aurions perçu.
Vous auriez perçu.
Ils *ou* elles auraient perçu.

SECOND CONDITIONNEL PASSÉ

J'eusse perçu.
Tu eusses perçu.
Il *ou* elle eût perçu.
Nous eussions perçu.
Vous eussiez perçu.
Ils *ou* elles eussent perçu.

IMPÉRATIF.

(*Point de première personne au singulier.*)

Perçoi *s.*
Qu'il *ou* qu'elle perçoiv *e.*
Percev *ons.*
Percev *ez.*
Qu'ils *ou* qu'elles perçoiv *ent.*

SUBJONCTIF.

PRÉSENT ou FUTUR.

Que je perçoiv *e.*
Que tu perçoiv *es.*
Qu'il *ou* qu'elle perçoiv *e.*
Que nous percev *ions.*
Que vous percev *iez.*
Qu'ils *ou* qu'elles perçoiv *ent.*

IMPARFAIT.

Que je perç *usse.*
Que tu perç *usses.*
Qu'il *ou* qu'elle perç *ût.*
Que nous perç *ussions.*
Que vous perç *ussiez.*
Qu'ils *ou* qu'elles perç *ussent.*

PRÉTÉRIT.

Que j'aie perçu.

Que tu aies perçu.
Qu'il *ou* qu'elle ait perçu.
Que nous ayons perçu.
Que vous ayez perçu.
Qu'ils *ou* qu'elles aient perçu.

PLUSQUE-PARFAIT.

Que j'eusse perçu.
Que tu eusses perçu.
Qu'il *ou* qu'elle eût perçu.
Que nous eussions perçu.
Que vous eussiez perçu.
Qu'ils *ou* qu'elles eussent perçu.

INFINITIF.

PRÉSENT.

Percev *oir.*

PRÉTÉRIT.

Avoir perçu.

PARTICIPE.

PRÉSENT.

Percev *ant.*

PASSÉ.

Perçu, perçue, ayant perçu.

FUTUR.

Devant percev *oir.*

Conjuguez de même touts les verbes qui ont le présent de l'infinitif terminé en *oir,* comme, *apercevoir, concevoir, décevoir, devoir, mouvoir, émouvoir, voir, prévoir, entrevoir, pourvoir, valoir, prévaloir, vouloir, pouvoir, asseoir, surseoir,* etc.

QUATRIÈME CONJUGAISON.

EN *re.*

INDICATIF.

PRÉSENT.

J'entend *s.*
Tu entend *s.*
Il *ou* elle entend.
Nous entend *ons.*
Vous entend *ez.*
Ils *ou* elles entend *ent.*

IMPARFAIT.

J'entend *ais.*
Tu entend *ais.*
Il *ou* elle entend *ait.*
Nous entend *ions.*

Vous entend *iez.*
Ils *ou* elles entend *aient.*

PRÉTÉRIT DÉFINI.

J'entend *is.*
Tu entend *is.*
Il *ou* elle entend *it.*
Nous entend *îmes.*
Vous entend *îtes.*
Ils *ou* elles entend *irent.*

PRÉTÉRIT INDÉFINI.

J'ai entendu.
Tu as entendu.
Il *ou* elle a entendu.

Nous avons entendu.
Vous avez entendu.
Ils *ou* elles ont entendu.

PRÉTÉRIT ANTÉRIEUR.

J'eus entendu.
Tu eus entendu.
Il *ou* elle eut entendu.
Nous eûmes entendu.
Vous eûtes entendu.
Ils *ou* elles eurent entendu.

PLUSQUE-PARFAIT.

J'avais entendu.
Tu avais entendu.
Il *ou* elle avait entendu.
Nous avions entendu.
Vous aviez entendu.
Ils *ou* elles avaient entendu.

FUTUR SIMPLE.

J'entend *rai.*
Tu entend *ras.*
Il *ou* elle entend *ra.*
Nous entend *rons.*
Vous entend *rez.*
Ils *ou* elles entend *ront.*

FUTUR COMPOSÉ.

J'aurai entendu.
Tu auras entendu.
Il *ou* elle aura entendu.
Nous aurons entendu.
Vous aurez entendu.
Ils *ou* elles auront entendu.

COVDITIONNEL.

PRÉSENT.

J'entend *rais.*
Tu entend *rais.*
Il *ou* elle entend *rait.*
Nous entend *rions.*

Vous entend *riez.*
Ils *ou* elles entend *raient.*

PASSÉ.

J'aurais entendu.
Tu aurais entendu.
Il *ou* elle aurait entendu.
Nous aurions entendu.
Vous auriez entendu.
Ils *ou* elles auraient entendu.

SECOND CONDITIONNEL PASSÉ.

J'eusse entendu.
Tu eusses entendu.
Il *ou* elle eût entendu.
Nous eussions entendu.
Vous eussiez entendu.
Ils *ou* elles eussent entendu.

IMPÉRATIF.

(*Point de première personne au singulier.*)

Entend *s.*
Qu'il *ou* qu'elle entend *e.*
Entend *ons.*
Entend *ez.*
Qu'ils *ou* qu'elles entend *ent.*

SUBJONCTIF.

PRÉSENT ou FUTUR.

Que j'entend *e.*
Que tu entend *es.*
Qu'il *ou* qu'elle entend *e.*
Que nous entend *ions.*
Que vous entend *iez.*
Qu'ils *ou* qu'elles entend *ent.*

IMPARFAIT.

Que j'entend *isse.*
Que tu entend *isses.*

Qu'il *ou* qu'elle entend *ît.*
Que nous entend *issions.*
Que vous entend *issiez.*
Qu'ils *ou* qu'elles enten-
d *issent.*

PRÉTÉRIT.

Que j'aie entendu.
Que tu aies entendu.
Qu'il *ou* qu'elle aît enten-
du.
Que nous ayons entendu.
Que vous ayez entendu.
Qu'ils *ou* qu'elles aient en-
tendu.

PLUSQUE-PARFAIT.

Que j'eusse entendu.
Que tu eusses entendu.
Qu'il *ou* qu'elle eût en-
tendu.

Que nous eussions entendu.
Que vous eussiez entendu.
Qu'ils *ou* qu'elles eussent
entendu.

INFINITIF.

PRÉSENT.

Entend *re.*

PRÉTÉRIT.

Avoir entendu.

PARTICIPE.

PRÉSENT.

Entend *ant.*

PASSÉ.

Entendu, entendue, ayant
entendu.

FUTUR.

Devant entendre.

Conjuguez de même touts les verbes qui sont terminés en *re,* au présent de l'infinitif, comme, *prétendre, défendre, vendre, suspendre, répandre, répondre, fondre, tordre, mordre, perdre, tondre, teindre, etc.*

D. Comment distingue-t-on les verbes en *ire* des verbes en *ir ?*

R. Les verbes en *ire* se distinguent des verbes en *ir* en ce que les verbes en *ire* font au participe passé *it, ite : construire, construit, construite; écrire, écrit, écrite; etc.* Exceptez *circoncire, luire, reluire, nuire, lire* et ses composés, *rire, suffire.*

D. Comment peut-on distinguer les verbes en *oir* des verbes en *oire ?*

R. Il n'y a que deux verbes, *boire* et *croire,* qui se terminent en *oire* (avec un *e* muet). Touts les autres verbes de cette terminaison s'écrivent sans *e* muet. Les composés de *croire* se terminent comme ce verbe. Ainsi, l'on écrit : *accroire*, *décroire*, *mécroire*.

DES TEMPS DES VERBES.

D. Comment se divisent les temps des verbes ?

R. Ils se divisent d'abord en temps simples et en temps composés.

D. Qu'appelez-vous temps simples ?

R. Les temps *simples* sont ceux qui n'empruntent aucun temps des verbes auxiliaires *être* ou *avoir*, comme, j'*honore*, je *punis*, j'*apercevrai*, etc.

D. Qu'est-ce que les temps composés ?

R. Les temps *composés* sont ceux qui se forment en empruntant un des temps du verbe *avoir* ou du verbe *être*, comme, j'*ai* écrit, je *suis* parti, etc.

D. Comment se divisent encore les temps des verbes ?

R. Ils se divisent encore en temps primitifs et en temps dérivés.

D. Que nomme-t-on temps primitifs ?

R. Les temps *primitifs* sont ceux qui servent à former les autres temps dans les quatre conjugaisons, et qui ne sont eux-mêmes formés d'aucun autre.

D. Et que nommez-vous temps dérivés ?

R. Les temps *dérivés* sont ceux qui se forment des temps primitifs.

D. Combien comptez-vous de temps primitifs ?

R. Nous comptons cinq temps primitifs ; savoir : *le présent de l'infinitif, le participe présent, le participe passé, le présent de l'indicatif, et le prétérit défini.*

D. Que faut-il savoir pour bien conjuguer un verbe ?

R. Pour bien conjuguer un verbe, il faut en connaître les cinq temps *primitifs*, et savoir ensuite comment les temps *dérivés* se forment des temps primitifs.

Voyez notre Tableau général des quatre conjugaisons françaises, imprimé séparément pour l'usage des classes (*).

(*) Tableau général des quatre conjugaisons françaises, une feuille in-plano, chez Constant Le Tellier fils, éditeur, rue Traversière Saint-Honoré, n° 25. Prix 75 centimes.

| TABLEAU DES TEMPS PRIMITIFS. | | | | |
	PRÉSENT de l'infinitif.	PARTICIPE présent.	PARTICIPE passé.	PRÉSENT de l'indicatif.	PRÉTÉRIT défini.
1re CONJUGAISON.	Adorer.	Adorant.	Adoré.	J'adore.	J'adorai.
2e CONJUGAISON.	Dormir.	Dormant.	Dormi.	Je dors.	Je dormis.
	Finir.	Finissant.	Fini.	Je finis.	Je finis.
	Mentir.	Mentant.	Menti.	Je mens.	Je mentis.
	Ouvrir.	Ouvrant.	Ouvert.	J'ouvre.	J'ouvris.
	Sentir.	Sentant.	Senti.	Je sens.	Je sentis.
	Servir.	Servant.	Servi,	Je sers.	Je servis.
	Tenir.	Tenant.	Tenu.	Je tiens.	Je tins.
	Unir.	Unissant.	Uni.	J'unis.	J'unis.
3^e CONJUGAISON.	Percevoir.	Percevant.	Perçu.	Je perçois.	Je perçus.
4^e CONJUGAISON.	Connaître.	Connaissant.	Connu.	Je connais.	Je connus.
	Contredire.	Contredisant.	Contredit.	Je contredis.	Je contredis.
	Craindre.	Craignant.	Craint.	Je crains.	Je craignis.
	Entendre.	Entendant.	Entendu.	J'entends.	J'entendis.
	Fondre.	Fondant.	Fondu.	Je fonds.	Je fondis.
	Joindre.	Joignant.	Joint.	Je joins.	Je joignis.
	Mordre.	Mordant.	Mordu.	Je mords.	Je mordis.
	Plaire.	Plaisant.	Plu.	Je plais.	Je plus.
	Réduire.	Réduisant.	Réduit.	Je réduis.	Je réduisis.
	Teindre.	Teignant.	Teint.	Je teins.	Je teignis.
	Tondre.	Tondant.	Tondu.	Je tonds.	Je tondis.
	Tordre.	Tordant.	Tordu.	Je tords.	Je tordis.

FORMATION DES TEMPS DÉRIVÉS.

Imparfait de l'indicatif.

D. D'où se forme l'imparfait de l'indicatif?

R. L'imparfait de l'indicatif se forme du participe présent, en changeant *ant* en *ais* : ador *ant*; imparfait, j'ador*ais* : uniss *ant*; imparfait, j'uniss *ais* : percev *ant*; imparfait, je percev *ais* : entend *ant*; imparfait, j'entend *ais*.

Il n'y a que deux exceptions : *ayant*, j'*avais*; *sachant*, je *savais*.

D. N'avez-vous point quelques remarques particulières à faire sur l'imparfait de l'indicatif ?

R. Nous devons remarquer :

1º Que, dans touts les verbes qui ont le participe présent terminé en *yant*, comme *fuyant, voyant, croyant, etc.*, on ajoute un *i* simple après l'*y*, dans les deux premières personnes plurielles de l'imparfait. Ainsi, l'on doit écrire : *nous* fuy *ions*, *vous* fuy *iez*; *nous* voy *ions*, *vous* voy *iez*; *nous* croy *ions*, *vous* croy *iez*; *etc.*

2º Que, dans les verbes qui ont le participe présent terminé en *iant*, on double l'*i* aux deux premières personnes plurielles de l'imparfait. Exemple : *nous* ri *ions*, *vous* ri *iez*, *etc.*

Quelques grammairiens proposent d'accentuer de deux points l'*i* des deux premières personnes plurielles de l'imparfait de l'indicatif dans les verbes terminés en *ouer* et en *uer*, comme, *avouer, nouer, nuer, saluer*, et d'écrire nous *avouïons*, nous *saluïons*, vous *avouïez*, vous *saluïez*, etc. Mais cette orthographe serait contraire à la prononciation consacrée par l'usage ; car on ne prononce point l'*i* de nous *avou ï ons*, nous *salu ï ons*, comme celui du verbe *haïr*..... Ce serait ensuite s'écarter du la règle générale de la formation de l'imparfait de l'indicatif, qui prescrit de changer la syllabe *ant* du participe présent en *ais, ais, ait, ions, iez, aient*. Pourquoi proposer de nouvelles exceptions ? Il vaut mieux en diminuer le nombre que de l'augmenter.

Futur simple.

D. D'où se forme le futur simple ?

R. Le futur simple se forme du présent de l'infinitif, en ajoutant *ai* pour les trois premières conjugaisons, et en changeant *e* en *ai* pour la quatrième. Exemples : *adorer* ; futur, j'ado-rer *ai : unir* ; futur, j'unir *ai : prévoir* ; futur, je prévoir *ai : entendre* ; futur, j'entendr *ai.*

D. Quelles sont les exceptions à cette formation du futur ?

R. Les voici :

Première conjugaison. *Envoyer*, futur, j'*enverrai* ; *aller*, j'*irai* ; *essayer*, j'*essaierai* ; *employer*, j'*emploierai* ; *appuyer*, j'*appuierai.*

Seconde conjugaison. *Tenir*, futur, je *tiendrai* ; *venir*, je *viendrai* ; *courir*, je *courrai* ; *cueillir*, je *cueillerai* ; *mourir*, je *mourrai* ; *acquérir*, j'*acquerrai.*

Troisième conjugaison. *Recevoir*, futur, je *recevrai* ; *avoir*, j'*aurai* ; *échoir*, j'*écherrai* ; *pouvoir*, je *pourrai* ; *savoir*, je *saurai* ; *s'asseoir* ; je m'*asseierai* ou je m'*assiérai* ; *voir*, je *verrai*, *vouloir*, je *voudrai* ; *mouvoir*, je *mouvrai* ; de-

(48)

voir, je *devrai*; *valoir*, je *vaudrai*; *falloir*, il *faudra*; *pleuvoir*, il *pleuvra*.

QUATRIÈME CONJUGAISON. *Faire*, futur, je *ferai*; *être*, je *serai*.

Conditionnel présent.

D. D'où se forme le conditionnel présent?

R. Le conditionnel présent se forme du futur simple en ajoutant un *s* à la première personne du singulier, sans exception. Exemples : j'*adore* rai; conditionnel, j'*adore* rais; j'*uni* rai, j'*uni* rais ; je *perçev* rai, je *perçev* rais; j'*entend* rai , j'*entend* rais.

Impératif.

D. D'où se forme l'impératif?

R. L'impératif se forme de la première personne du présent de l'indicatif, en ôtant seulement le pronom *je*. Exemples : j'*adore*; impératif, *adore*: j'*unis* ; impératif, *unis*: je *perçois*; impératif, *perçois* : j'*entends* ; impératif, *entends*, etc.

D. Y a-t-il des exceptions ?

R. Quatre verbes sont exceptés : je *suis* ; impératif, *sois* : j'*ai* ; impératif, *aie* : je *sais*; impératif, *sache* : je *vais*; impératif, *va*, etc.

PREMIÈRE REMARQUE. Les verbes de la première conjugaison ne reçoivent point *s* à la seconde personne de l'impératif, parce que cette seconde personne est formée de la première personne du présent de l'indicatif, qui n'admet point elle-même la lettre *s*. Il en est de même de plusieurs verbes de la seconde conjugaison qui sont terminés à la première personne du présent de l'indicatif par un *e* muet, comme, j'*ouvre*, je *souffre*, je *cueille*, etc. Cependant on ajoute un *s*, comme lettre euphonique., à la seconde personne de l'impératif de ces verbes., lorsque cette seconde personne est suivie des pronoms relatifs *en* et *y*. Exemples : *Voilà de beaux fruits*, portes-en *à ta sœur ; je veux entrer dans cette salle*, ouvres-en *la porte ; tu as fait une faute*, souffres-en *la peine ; je reviendrai travailler dans ce cabinet*, apportes-y *mes crayons ;* etc. Si l'on n'ajoutait point le *s* euphonique à la fin de ces impératifs, on prononcerait d'un seul trait, avec le pronom relatif qui suit, *port'en, ouvr'en, souffr'en, apport'y*, etc. ; et l'on sent aisément tout ce que cette prononciation a de dur et d'offensant pour l'oreille. Il est donc indispensablement nécessaire d'ajouter le *s*. Mais si le mot *en*, au lieu d'être pronom relatif, se trouve employé comme préposition, alors on n'ajoute point le *s* euphonique, parce que, en ce cas, on doit faire une pause entre l'énonciation du verbe et celle de *en*. Exemple : *donne*, en *cette occasion, des preuves de ton zèle*.

Seconde remarque. L'impératif *va*, qui s'écrit sans *s*, prend aussi un *s* euphonique, lorsqu'il est suivi de l'adverbe de lieu *y*. Ainsi, l'on écrit et l'on prononce : *vas-y*. Mais si l'*y* qui suit *va*, au lieu d'être un adverbe, était un pronom relatif qui tombât sur le verbe suivant, alors on n'ajouterait plus le *s* à l'impératif *va* ; parce qu'on doit, en ce cas, faire une pause entre cet impératif et ce qui le suit. Exemple : *va y mettre ordre*. C'est une faute que d'écrire et de prononcer *vas-y*, dans la phrase suivante : *si tu ne veux pas me croire*, *vas-y voir.* Il faut écrire et prononcer : *va y voir.*

TROISIÈME REMARQUE. L'impératif du verbe *s'en aller* doit s'écrire *va-t'en*, et non *va-t-en*; car ce n'est point ici le *t* euphonique, mais bien le pronom *te* dont l'*e* s'élide devant le mot *en*. Ce pronom *te* devient *vous* dans le pluriel : *allez-vous-en.*

Présent du subjonctif.

D. D'où se forme le présent du subjonctif?

R. Le présent du subjonctif se forme du participe présent, en changeant *ant* en un *e* muet. Exemples: *ador* ant, que j'*ador* e; *uniss* ant, que j'*uniss* e; *sach* ant, que je *sach* e; *entend* ant, que j'*entend* e.

D. Quelles sont les exceptions à cette formation du présent du subjonctif?

R. Les voici :

PREMIÈRE CONJUGAISON. *Allant*, que j'*aille*; *effrayant*, que j'*effraie*; *employant*, que j'*emploie*; *essuyant*, que j'*essuie.* Il en est de même de touts les verbes qui se conjuguent comme ces trois derniers.

SECONDE CONJUGAISON. *Tenant*, que je *tienne*; *venant*, que je *vienne*; *acquérant*, que j'*acquière*; *mourant*, que je *meure*; *fuyant*, que je *fuie.*

TROISIÈME CONJUGAISON. *Recevant*, que je *reçoive*; *devant*, que je *doive*; *pouvant*, que je *puisse*; *valant*, que je *vaille* (*); *mouvant*,

____

(*) Que tu *vailles*, qu'il *vaille*, que nous *valions*, que vous *valiez*, qu'ils *vaillent.* Mais *prévaloir* forme régulièrement le présent du subjonctif, que je *prévale*, etc., qu'ils *prévalent.*

que je *meuve*; *s'asseyant*, que je *m'asseie*; *voyant*, que je *voie*; *voulant*, que je *veuille* (*); *fallant*, qu'il *faille*.

QUATRIÈME CONJUGAISON. *Étant*, que je *sois*; *buvant*, que je *boive*; *faisant*, que je *fasse*; *croyant*, que je *croie*; *prenant*, que je *prenne*.

D. Quelles remarques avez-vous à faire sur le présent du subjonctif?

R. Nous avons deux remarques à faire sur le présent du subjonctif.

Première remarque. La troisième personne du singulier de l'impératif, et la troisième personne du singulier du présent du subjonctif, sont toujours semblables; et les troisièmes personnes du pluriel, dans ces deux temps, se forment en ajoutant *nt* à la troisième personne du singulier.

Deuxième remarque. La première et la seconde personne du pluriel du présent du subjonctif sont toujours semblables à la première et à la seconde personne du pluriel de l'imparfait de l'indicatif.

Imparfait du subjonctif.

D. D'où se forme l'imparfait du subjonctif?

R. L'imparfait du subjonctif se forme du prétérit défini, en changeant *ai* en *asse* pour la première conjugaison: j'*adorai*, imparfait, que j'*adorasse*; et en ajoutant seulement *se* pour les trois autres conjugaisons: j'*unis*, que j'*unisse*;

____

(†) Que tu *veuilles*, qu'il *veuille*, que nous *voulions*, que nous *vouliez*, qu'ils *veuillent*.

3.

je *perçus* ; que je *perçusse* ; *j'entendis* ; que j'entendisse*. Il n'y a point d'exception.

D. N'avez-vous rien à remarquer sur le présent de l'indicatif ?

R. Le présent de l'indicatif est un temps primitif, et par conséquent ne se forme d'aucun autre ; mais ses trois personnes plurielles se forment du participe présent en cette sorte :

La première, en changeant *ant* en *ons*. Exemples : *ador* ant, *nous ador* ons ; *uniss* ant, *nous uniss* ons ; *percev* ant, *nous percev* ons ; *entend* ant, *nous entend* ons. Exceptions : *étant*, nous *sommes* ; *ayant*, nous *avons* ; *sachant*, nous *savons*.

La seconde, en changeant *ant* en *ez* (*). Ex. : *ador* ant, vous *ador* ez ; *uniss* ant, vous *uniss* ez ; *percev* ant, vous *percev* ez ; *entend* ant, vous *entend* ez. Exceptions : *ayant*, vous *avez* ; *sachant*, vous *savez* ; *disant*, vous *dites* ; *faisant*, vous *faites*.

Enfin, la troisième, en changeant *ant* en *ent* (**). Exemples : *ador* ant, ils *ador* ent ; *uniss* ant, ils *uniss* ent ; *val* ant, ils *val* ent ; *entend* ant, ils *entend* ent.

D. Quelles sont les exceptions à cette formation de la troisième personne plurielle du présent de l'indicatif ?

R. Les voici :

PREMIÈRE CONJUGAISON. *Allant*, ils *vont* ;

(*) Les secondes personnes du pluriel, dans les verbes, sont ordinairement terminées par un z.

(**) Les troisièmes personnes du pluriel, dans les verbes, finissent par *ent*, excepté celles du futur, qui finissent par *ont*.

(53)

effrayant, ils *effraient ; employant*, ils em—
ploient ; etc.

DEUXIÈME CONJUGAISON. *Venant*, ils *viennent ; tenant*, ils *tiennent ; acquérant*, ils *acquiè-
rent ; mourant*, ils *meurent ; fuyant*, ils *fuient.*

TROISIÈME CONJUGAISON. *Recevant*, ils *reçoivent ; devant*, ils *doivent ; mouvant*, ils *meu-
vent ; voyant*, ils *voient ; sachant*, ils *savent ;
pouvant*, ils *peuvent ; voulant*, ils *veulent ;
ayant*, ils *ont ; s'asseyant*, ils *s'asseient.*

QUATRIÈME CONJUGAISON. *Étant*, ils *sont ;
faisant*, ils *font ; buvant*, ils *boivent ; croyant*,
ils *croient ; prenant*, ils *prennent* (*).

D. Dans les verbes qui ont le participe présent terminé en *yant*, quelles sont les personnes qui conservent l'*y*, et quelles sont celles
où l'*y* se change en un *i* simple ?

R. Dans les verbes qui ont le participe présent terminé en *yant*, l'*y* se change en un *i*
simple dans toutes les personnes où cet *y* serait
suivi d'un *e* muet. Exemples : *j'essaie*, tu *es-
saies*, il *essaie*, ils *essaient ; j'essuierai ; j'es-
suierais ;* que je *broie ;* que tu *fuies ;* qu'il *voie ;*
qu'ils *croient ; etc.*

Formation des temps composés.

D. D'où se forment les temps composés ?

R. Touts les temps *composés* se forment du
participe passé, en y joignant les temps des
verbes auxiliaires *avoir* et *être ;* comme, *j'ai
adoré, j'ai uni, j'avais perçu, j'aurai entendu,
je suis venu, j'étais sorti, que je fusse parti, etc.*

(*) La lettre *n* se double dans le verbe *prendre*,
toutes les fois qu'elle est suivie d'un *e* muet.

APPLICATION DES RÈGLES

DE

LA FORMATION DES TEMPS DES VERBES.

LE VERBE *Instruire.*

INDICATIF.

PRÉSENT.

(Temps primitif au sin-
gulier; il sert à former l'impératif, en ôtant le pronom
je.)

sing. J'instruis.
    Tu instruis.
    Il *ou* elle instruit.

(Temps dérivé au plu-
riel : il se forme du participe présent, en changeant
ant en *ons, ez, ent.*)

plur. Nous instruisons.
    Vous instruisez.
    Ils *ou* elles instrui-
sent.

IMPARFAIT.

(Temps dérivé, qui se
forme du participe présent,
en changeant *ant* en *ais.*)

J'instruisais.
Tu instruisais.
Il *ou* elle instruisait.
Nous instruisions.
Vous instruisiez.
Ils *ou* elles instruisaient.

PRÉTÉRIT DÉFINI.

(Temps primitif, qui

sert à former l'imparfait du
subjonctif, en changeant
ai en *asse* pour la première
conjugaison, et en ajou-
tant *se* pour les trois autres.)

J'instruisis.
Tu instruisis.
Il *ou* elle instruisit.
Nous instruisîmes.
Vous instruisîtes.
Ils *ou* elles instruisirent.

PRÉTÉRIT INDÉFINI.

(Temps composé, qui se
forme des verbes auxiliaires
être ou *avoir*, et du participe passé du verbe que
l'on conjugue.)

J'ai instruit.
Tu as instruit.
Il *ou* elle a instruit.
Nous avons instruit.
Vous avez instruit.
Ils *ou* elles ont instruit.

PRÉTÉRIT ANTÉRIEUR.

(Temps composé, etc.)

J'eus instruit.
Tu eus instruit.
Il *ou* elle eut instruit.
Nous eûmes instruit.

Vous eûtes instruit.
Ils *ou* elles eurent instruit.

PLUSQUE-PARFAIT.

(Temps composé etc.)
J'avais instruit.
Tu avais instruit.
Il *ou* elle avait instruit.
Nous avions instruit.
Vous aviez instruit.
Ils *ou* elles avaient instruit.

FUTUR SIMPLE.

(Temps dérivé, qui se forme du présent de l'infinitif, en ajoutant *ai* pour les trois premières conjugaisons, et en changeant *e* en *ai* pour la quatrième.)
J'instruirai.
Tu instruiras.
Il *ou* elle instruira.
Nous instruirons.
Vous instruirez.
Ils *ou* elles instruiront.

FUTUR COMPOSÉ.

(Temps composé, etc.)
J'aurai instruit.
Tu auras instruit.
Il *ou* elle aura instruit.
Nous aurons instruit.
Vous aurez instruit.
Ils *ou* elles auront instruit.

CONDITIONNEL.

PRÉSENT.

(Temps dérivé, qui se forme du futur simple, en changeant *rai* en *rais*. (Sans exception.)
J'instruirais.
Tu instruirais.
Il *ou* elle instruirait.
Nous instruirions.
Vous instruiriez.
Ils *ou* elles instruiraient.

PREMIER CONDITIONNEL PASSÉ.

(Temps composé, etc.)
J'aurais instruit.
Tu aurais instruit.
Il *ou* elle aurait instruit.
Nous aurions instruit.
Vous auriez instruit.
Ils *ou* elles auraient instruit.

SECOND CONDITIONNEL PASSÉ.

(Temps composé, etc.)
J'eusse instruit.
Tu eusses instruit.
Il *ou* elle eût instruit.
Nous eussions instruit.
Vous eussiez instruit.
Ils *ou* elles eussent instruit.

IMPÉRATIF.

(*Point de première personne au singulier.*)
(Temps dérivé, qui se forme du présent de l'indicatif, en ôtant seulement le pronom *je*.)
Instruis.
Qu'il *ou* qu'elle instruise.
Instruisons.
Instruisez.
Qu'ils *ou* qu'elles instruisent.

SUBJONCTIF.

Présent ou Futur.

(Temps dérivé, qui se forme du participe présent, en changeant *ant* en un *e* muet.)

Que j'instruise.
Que tu instruises.
Qu'il *ou* qu'elle instruise.
Que nous instruisions.
Que vous instruisiez.
Qu'ils *ou* qu'elles instrui-
  sent.

Imparfait.

(Temps dérivé, qui se forme du prétérit défini, en changeant *ai* en *asse* pour la première conjugaison, et en ajoutant seulement *se* pour les trois autres conju-gaisons.)

Que j'instruisisse.
Que tu instruisisses.
Qu'il *ou* qu'elle instruisît.
Que nous instruisissions.
Que vous instruisissiez.
Qu'ils *ou* qu'elles instrui-
  sissent.

Prétérit.

(Temps composé, qui se forme des verbes auxiliaires *être* ou *avoir*, et du parti-cipe passé du verbe que l'on conjugue.)

Que j'aie instruit.
Que tu aies instruit.
Qu'il *ou* qu'elle ait ins-
  truit.
Que nous ayons instruit.
Que vous ayez instruit.
Qu'ils *ou* qu'elles aient
  instruit.

Plusque-parfait.

(Temps composé, qui se forme etc.)

Que j'eusse instruit.
Que tu eusses instruit.
Qu'il *ou* qu'elle eût ins-
  truit.
Que nous eussions ins-
  truit.
Que vous eussiez instruit.
Qu'ils *ou* qu'elles eussent
  instruit.

INFINITIF.

Présent.

(Temps primitif, qui sert à former le futur simple.)

Instruire.

Prétérit.

(Temps composé, qui se forme des verbes auxiliaires *être* ou *avoir*, et du parti-cipe passé du verbe que l'on conjugue.)

Avoir instruit.

PARTICIPE.

Présent.

(Temps primitif, qui sert à former l'imparfait de l'in-dicatif et le présent du sub-jonctif.)

Instruisant.

Passé.

(Temps primitif, qui sert

à former touts les temps composés.)

Instruit, instruite, ayant instruit.

FUTUR.

(Temps composé, qui se forme du participe présent du verbe *devoir*, et du présent de l'infinitif du verbe que l'on conjugue.)

Devant instruire.

Verbes irréguliers.

D. Qu'appelle-t-on verbés irréguliers ?

R. Les verbes *irréguliers* ou *anomaux* sont ceux auxquels les terminaisons du verbe qui leur sert de modèle ne conviennent point dans touts les temps primitifs ou dérivés.

Voici le tableau des temps primitifs des principaux verbes irréguliers.

————

TEMPS PRIMITIFS.

3..

TEMPS PRIMITIFS DES VERBES IRRÉGULIERS.

PRÉSENT de l'infinitif.	PARTICIPE présent.	PARTICIPE passé.	PRÉSENT de l'indicatif.	PRÉTÉRIT. défini.
PREMIÈRE CONJUGAISON.				
Aller.	Allant.	Allé.	Je vais.	J'allai.
SECONDE CONJUGAISON.				
Acquérir.	Acquérant.	Acquis.	J'acquiers.	J'acquis.
Courir.	Courant.	Couru.	Je cours.	Je courus.
Cueillir.	Cueillant.	Cueilli.	Je cueille.	Je cueillis.
Faillir.		Failli.		Je faillis.
Fuir.	Fuyant.	Fui.	Je fuis.	Je fuis.
Mourir.	Mourant.	Mort.	Je meurs.	Je mourus.
Revêtir.	Revêtant.	Revêtu.	Je revêts,	Je revêtis.
Saillir.	Saillant.	Sailli.	Il saille.	Il saillit.
Tressaillir.	Tressaillant.	Tressailli.	Je tressaille.	Je tressaillis.
Vêtir.	Vêtant.	Vêtu.	Je vêts.	Je vêtis.

TROISIÈME CONJUGAISON.

PRÉSENT de l'infinitif.	PARTICIPE présent.	PARTICIPE passé.	PRÉSENT de l'indicatif.	PRÉTÉRIT défini.
Choir.				
Déchoir.		Déchu.	Je déchois.	Je déchus.
Échoir.	Échéant.	Échu.	Il échoit.	J'échus.
Falloir.		Fallu.	Il faut.	Il fallut.
Mouvoir.	Mouvant.	Mu.	Je meus.	Je mus.
Pleuvoir.	Pleuvant.	Plu.	Il pleut.	Il plut.
Pourvoir.	Pourvoyant.	Pourvu.	Je pourvois.	Je pourvus.
Pouvoir.	Pouvant.	Pu.	Je puis.	Je pus.
S'asseoir.	S'asseyant.	Assis.	Je m'assieds.	Je m'assis.
Savoir.	Sachant.	Su.	Je sais.	Je sus.
Surseoir.		Sursis.	Je surseois.	Je sursis.
Valoir.	Valant.	Valu.	Je vaux.	Je valus.
Voir.	Voyant.	Vu.	Je vois.	Je vis.
Vouloir.	Voulant.	Voulu.	Je veux.	Je voulus.

QUATRIÈME CONJUGAISON.

PRÉSENT. de l'infinitif.	PARTICIPE. présent.	PARTICIPE, passé.	PRÉSENT de l'indicatif.	PRÉTÉRIT défini.
Absoudre.	Absolvant.	Absous.	J'absous.	
Battre.	Battant.	Battu.	Je bats.	Je battis.
Boire.	Buvant.	Bu.	Je bois.	Je bus.
Braire.			Il brait.	
Bruire.	Bruyant.			
Circoncire.		Circoncis.	Je circoncis.	Je circoncis.
Clore, Clorre.		Clos.	Je clos.	
Conclure.	Concluant.	Conclu.	Je conclus.	Je conclus.
Confire.	Confisant.	Confit.	Je confis.	Je confis.
Coudre.	Cousant.	Cousu.	Je couds.	Je cousis.
Croire.	Croyant.	Cru.	Je crois.	Je crus.
Dire.	Disant.	Dit.	Je dis.	Je dis.
Écrire.	Écrivant.	Écrit.	J'écris.	J'écrivis.
Exclure.	Excluant.	Exclu.	J'exclus.	J'exclus.
Faire.	Faisant.	Fait.	Je fais.	Je fis.
Lire.	Lisant.	Lu.	Je lis.	Je lus.
Luire.	Luisant.	Lui.	Je luis.	
Maudire.	Maudissant.	Maudit.	Je maudis.	Je maudis.

SUITE DE LA QUATRIÈME CONJUGAISON.

PRÉSENT de l'infinitif.	PARTICIPE présent.	PARTICIPE passé.	PRÉSENT de l'indicatif.	PRÉTÉRIT défini.
Mettre.	Mettant.	Mis.	Je mets.	Je mis.
Moudre.	Moulant.	Moulu.	Je mouds.	Je moulus.
Naître.	Naissant.	Né.	Je nais.	Je naquis.
Nuire.	Nuisant.	Nui.	Je nuis.	Je nuisis.
Prendre.	Prenant.	Pris.	Je prends.	Je pris.
Rire.	Riant.	Ri.	Je ris.	Je ris.
Rompre.	Rompant.	Rompu.	Je romps.	Je rompis.
Résoudre,	Résolvant.	Résous, Résolu.	Je résous.	Je résolus.
Suffire.	Suffisant.	Suffi.	Je suffis.	Je suffis.
Suivre.	Suivant.	Suivi.	Je suis.	Je suivis.
Traire.	Trayant.	Trait.	Je trais.	
Vaincre.	Vainquant.	Vaincu.	Je vaincs.	Je vainquis.
Vivre.	Vivant.	Vécu.	Je vis.	Je vécus.

Nous ne marquons pas les verbes *composés*, parce qu'ils suivent la conjugaison de leurs *simples*; par exemple, les composés *promettre*, *admettre*, etc., se conjuguent comme le verbe simple *mettre*.

Au moyen de cette table et des règles que nous avons données sur la formation des temps, il n'y a point de verbe qu'on ne puisse conjuguer.

Du sujet des verbes.

D. Qu'appelez-vous sujet d'un verbe ?

R. Nous appelons *sujet* d'un verbe, l'être, l'individu, qui fait ou qui reçoit l'action que le verbe exprime. Dans ces phrases, *mon frère joue*, *ma sœur est aimée; mon frère* est le *sujet* du verbe *joue*, parce que c'est l'individu qui fait l'action de *jouer* que ce verbe exprime ; *ma sœur* est le *sujet* du verbe *est aimée*, parce que c'est la personne qui reçoit l'action d'*aimer* que le verbe exprime. Le sujet du verbe est le même que celui de la *proposition*, puisque c'est le verbe qui sert à affirmer, qui forme la proposition.

D. Comment trouve-t-on le *sujet* d'un verbe ?

R. Pour trouver le *sujet* d'un verbe ou d'une proposition, il faut mettre la demande *qui-est-ce qui*, ou *qu'est-ce qui*, devant le verbe : la réponse à cette question fait connaître le *sujet*. Par exemple, dans les deux phrases, *mon frère joue*, *ma sœur est aimée*, si je demande *qui est-ce qui joue?* la réponse sera *mon frère ; mon frère* est donc le *sujet* du verbe *joue;* de même, si je demande *qui est-ce qui est aimé?* la réponse sera *ma sœur;* ainsi, *ma sœur* est le *sujet* du verbe *est aimée*. Et dans l'exemple, *le tapis brûle,* si je demande *qu'est-ce qui brûle?* la réponse sera *le tapis*.

D. En quoi le verbe dépend-il du sujet?

R. *Règle.* Tout verbe doit être du même nombre et de la même personne que le sujet. Exemples : *Je peins : peins* est du singulier et de la première personne, parce que *je,* son sujet, est du singulier et de la première personne. *Ils peignent ; peignent* est au pluriel et à la troisième personne , parce que le sujet *ils* est au pluriel et à la troisième personne.

D. A quel nombre doit être le verbe qui a deux sujets singuliers ?

R. Un verbe qui a deux sujets singuliers, doit se mettre au pluriel. Exemple : *Mon père et ma mère viendront.*

D. A quelle personne met-on le verbe qui a deux sujets de différente personne ?

R. Quand un verbe a deux sujets de différente personne, on le met à la première personne, si l'un des deux sujets est de la première personne ; et on le met à la deuxième personne, s'il n'y a aucun sujet qui soit de la première. Exemples : *Vous et moi* nous perdrons la partie. *Vous et votre père* vous dînerez avec nous.

D. Puisque la première personne l'emporte sur la seconde, pourquoi, dans l'exemple que vous venez de donner, n'avez-vous pas dit, *Moi et vous nous perdrons,* en mettant la première personne avant la seconde ?

R. C'est que la politesse exige qu'on nomme d'abord la personne à laquelle on parle, et qu'on ne se nomme soi-même qu'en dernier lieu.

Complément des verbes.

D. Qu'est-ce que le complément d'un verbe ?

R. On appelle *complément* d'un verbe l'objet sur lequel tombe l'action que le verbe exprime. Dans cette phrase « *je bâtis une maison* » , *maison* est le *complément* du *verbe je bâtis,* parce que c'est l'objet sur lequel tombe l'action de bâtir, exprimée par le verbe.

D. Comment connaît-on le complément d'un verbe ?

R. Pour connaître le complément d'un verbe, il faut mettre après ce verbe les pronoms interrogatifs *qui* ou *quoi*. La réponse indique le complément. Exemples : *Je sers mon ami; je bâtis une maison; etc.* Si je dis : *je sers* qui ? la réponse sera *mon ami*. Donc *mon ami* est le complément du verbe *je sers*. Si je dis : *je bâtis* quoi ? la réponse sera *une maison*. Ainsi, *maison* est le complément du verbe *je bâtis*.

D. Combien distingue-t-on de compléments dans les verbes ?

R. On distingue deux compléments; savoir, le complément *objectif* ou *direct* et le complément *terminatif* ou *indirect*.

Le complément *direct* est l'objet sur lequel tombe immédiatement l'action marquée par le verbe, comme dans les phrases, « *je sers mon ami, je bâtis une maison* », *ami*, *maison*, sont des compléments *directs* ou *objectifs*.

Le complément *indirect* ou *terminatif* est l'objet sur lequel l'action marquée par le verbe ne tombe qu'*indirectement*. Il est toujours précédé des prépositions *à* ou *de*. Exemples : *J'ai porté une lettre à votre père; j'ai reçu une lettre de votre cousin. Votre père* est le complément indirect du verbe *porter*; *votre cousin* est le complément indirect du verbe *recevoir*... Pour trouver le complément indirect ou terminatif, il faut faire les questions *à qui*, *de qui*; ou bien *à quoi*, *de quoi*.

D. Quelle place le complément direct tient-il dans la phrase ?

R. Le complément direct se place ordinairement après le verbe, comme dans ces exemples : *je prie* Dieu ; *vous savez* votre leçon. Mais, si le complément est un pronom, il se met le plus souvent avant le verbe, comme dans ces phrases : *je vous estime*, pour *j'estime* vous ; *je la respecte*, pour *je respecte* elle.

Des différentes sortes de Verbes.

D. Combien distinguez-vous de sortes de verbes ?

R. On divise les verbes en *actifs, passifs, neutres, réfléchis, réciproques, pronominaux,* et *unipersonnels.*

D. Qu'est-ce qu'un verbe actif ?

R. On appelle verbe *actif* ou *transitif* celui qui exprime une action qui tombe immédiatement sur un objet. Ainsi, dans les phrases, *acheter un livre, étudier une leçon,* les verbes *acheter, étudier,* sont des verbes *actifs,* parce qu'ils expriment une action qui tombe immédiatement sur les objets *livre, leçon.* On connaît les verbes *actifs* en ce qu'on peut placer après ces verbes les mots *quelqu'un* ou *quelque chose.*

D. Qu'est-ce que le verbe passif ?

R. Le verbe *passif* est celui dont le sujet reçoit ou supporte l'action marquée par le verbe. Pour former le verbe passif, il faut prendre *l'objet* de l'action exprimée par le verbe actif, et en faire le *sujet* qui reçoive l'action que marque le verbe passif. Ainsi, pour mettre au passif le verbe *récompenser* de cette phrase, *Dieu récompensera l'homme juste,* dites : *l'homme juste sera récompensé de Dieu.*

D. Qu'appelle-t-on verbes neutres ?

R. On appelle verbes *neutres* ou *intran-*

sitifs, les verbes qui expriment un état, ou bien une action qui ne tombe point directement sur un objet. Ainsi, *languir* est un verbe *neutre*, parce que ce verbe exprime un état ; *marcher* est un verbe *neutre*, parce que ce verbe exprime une action qui ne sort pas du sujet qui la fait ; *nuire* est un verbe *neutre*, parce qu'il exprime une action qui ne peut tomber directement sur un objet.

Ainsi, pour qu'un verbe soit *actif*, il ne suffit point qu'il exprime une action ; il faut encore que cette action passe ou puisse passer directement du sujet sur un objet. Le verbe *nuire* est *neutre* dans les langues anciennes comme dans la langue française, quoique ce verbe exprime une action.

D. Comment connaît-on un verbe neutre ?

R. On connaît un verbe *neutre* ou *intransitif* en ce qu'on ne peut pas mettre après ce verbe les mots *quelqu'un, quelque chose*. *Languir, nuire,* sont des verbes neutres, parce qu'on ne peut point dire, languir *quelqu'un, quelque chose,* nuire *quelqu'un, quelque chose.* Ainsi, les verbes neutres n'ont point de complément direct ; mais ils peuvent avoir un complément indirect, marqué par *à* ou *de : Ce livre appartient à mon frère. Je profiterai de vos avis.*

D. Pourquoi ces verbes sont-ils appelés *neutres* et *intransitifs.*

R. On les nomme verbes *neutres,* parce qu'ils ne sont ni *actifs* ni *passifs.* On les nomme *intransitifs,* parce que l'action qu'ils expriment ne peut *passer,* ne peut tomber immédiatement sur un objet.

D. Qu'est-ce que les verbes réfléchis ?

R. Les verbes *réfléchis* sont ceux qui expriment, soit l'action d'un sujet qui agit sur lui-même, comme, *se conduire, se défendre* ; soit une action faite par le sujet, et qui aboutit seulement à lui, comme, je me fais *un devoir*, c'est-à-dire, je fais *à moi* un devoir. Dans le premier cas, les seconds phonoms *me, te, se, nous, vous*, sont en complément direct ; dans le second cas, ces pronoms sont en complément indirect.

D. Qu'est-ce que les verbes réciproques ?

R. Les verbes *réciproques* sont ceux qui expriment l'action de plusieurs sujets qui agissent respectivement les uns sur les autres de la même manière, comme : *ces deux hommes se querellent sans cesse ; tous les hommes doivent s'entr'aider.*

D. Qu'appelle-t-on verbes pronominaux ?

R. On nomme verbes *pronominaux* ceux qui, se conjuguant avec des pronoms de la même personne, n'expriment, ni l'action d'un sujet sur lui-même, ni une action qui aboutisse au sujet, ni même une action faite par le sujet. Ainsi, quand je dis : *cette marchandise se vend trop cher*, l'action de *vendre* ne tombe point sur le sujet *marchandise*, parce que la marchandise ne peut se vendre elle-même ; cette action n'aboutit pas à *marchandise*, puisque *se* n'est pas pour *à elle* ; l'action n'est pas non plus faite par le sujet, parce qu'on ne peut pas dire d'une *marchandise* qu'elle *vende*. Le verbe *se vendre* a donc une signification passive, et la phrase équivaut à celle-ci : *cette marchandise est vendue trop cher.*

Les verbes *réfléchis* diffèrent des verbes

pronominaux, en ce que le sujet du verbe réfléchi *fait* l'action que le verbe exprime, au lieu que le sujet du verbe pronominal *reçoit*, *souffre* cette action.

D. Qu'est-ce que le verbe unipersonnel ?

R. Le verbe *unipersonnel* est celui qui ne s'emploie qu'à la troisième personne du singulier, comme : *il faut*, *il importe*, *il pleut*, *il y a*, *etc.*

CONJUGAISON DES VERBES PASSIFS.

D. Touts les verbes passifs se conjuguent-ils de la même manière ?

R. Il n'y a qu'une seule conjugaison pour touts les verbes passifs ; elle se fait avec l'auxiliaire *être* dans touts les temps, et le participe passé du verbe qu'on veut conjuguer.

INDICATIF.

PRÉSENT.

Je suis estimé *ou* estimée.
Tu es estimé *ou* estimée.
Il est estimé *ou* elle est estimée.
Nous sommes estimés *ou* estimées.
Vous êtes estimés *ou* estimées.
Ils sont estimés *ou* elles sont estimées.

IMPARFAIT.

J'étais estimé *ou* estimée.
Tu étais estimé *ou* estimée.
Il était estimé *ou* elle était estimée.

Nous étions estimés *ou* estimées.
Vous étiez estimés *ou* estimées.
Ils étaient estimés *ou* elles étaient estimées.

PRÉTÉRIT DÉFINI.

Je fus estimé *ou* estimée.
Tu fus estimé *ou* estimée.
Il fut estimé *ou* elle fut estimée.
Nous fûmes estimés *ou* estimées.
Vous fûtes estimés *ou* estimées.
Ils furent estimés *ou* elles furent estimées.

PRÉTÉRIT INDÉFINI.

J'ai été estimé *ou* estimée.

Tu as eté estimé *ou* estimée.

Il a été estimé *ou* elle a été estimée.

Nous avons été estimés *ou* estimées.

Vous avez été estimés *ou* estimées.

Ils ont été estimés *ou* elles ont été estimées.

PRÉTÉRIT ANTÉRIEUR.

J'eus été estimé *ou* estimée.

Tu eus été estimé *ou* estimée.

Il eut été estimé *ou* elle eut été estimée.

Nous eûmes été estimés *ou* estimées.

Vous eûtes été estimés *ou* estimées.

Ils eurent été estimés *ou* elles eurent été estimées.

PLUSQUE-PARFAIT.

J'avais été estimé *ou* estimée.

Tu avais été estimé *ou* estimée.

Il avait été estimé *ou* elle avait été estimée.

Nous avions été estimés *ou* estimées.

Vous aviez été estimés *ou* estimées.

Ils avaient été estimés *ou* elles avaient été estimées.

FUTUR SIMPLE.

Je serai estimé *ou* estimée.

Tu seras estimé *ou* estimée.

Il sera estimé *ou* elle sera estimée.

Nous serons estimés *ou* estimées.

Vous serez estimés *ou* estimées.

Ils seront estimés *ou* elles seront estimées.

FUTUR COMPOSÉ.

J'aurai été estimé *ou* estimée.

Tu auras été estimé *ou* estimée.

Il aura été estimé *ou* elle aura été estimée.

Nous aurons été estimés *ou* estimées.

Vous aurez été estimés *ou* estimées.

Ils auront été estimés *ou* elles auront été estimées.

CONDITIONNEL.

PRÉSENT.

Je serais estimé *ou* estimée.

Tu serais estimé *ou* estimée.

Il serait estimé *ou* elle serait estimée.

Nous serions estimés *ou* estimées.

Vous seriez estimés *ou* estimées.

Ils seraient estimées *ou* elles seraient estimées.

PASSÉ.

J'aurais été estimé *ou* estimée.

Tu aurais été estimé *ou* estimée.

Il aurait été estimé *ou* elle aurait été estimée.

Nous aurions été estimés *ou* estimées.

Vous auriez été estimés *ou* estimées.

Ils auraient été estimés *ou* elles auraient été estimées.

SECOND CONDITIONNEL PASSÉ.

J'eusse été estimé *ou* estimée.

Tu eusses été estimé *ou* estimée.

Il eût été estimé *ou* elle eût été estimée.

Nous eussions été estimés *ou* estimées.

Vous eussiez été estimés *ou* estimées.

Ils eussent été estimés *ou* elles eussent été estimées.

IMPÉRATIF.

(*Point de première personne au singulier.*)

Sois estimé *ou* estimée.

Qu'il soit estimé *ou* qu'elle soit estimée.

Soyons estimés *ou* estimées.

Soyez estimés *ou* estimées.

Qu'ils soient estimés *ou* qu'elles soient estimées.

SUBJONCTIF.

PRÉSENT ou FUTUR.

Que je sois estimé *ou* estimée.

Que tu sois estimé *ou* estimée.

Qu'il soit estimé *ou* qu'elle soit estimée.

Que nous soyons estimés *ou* estimées.

Que vous soyez estimés *ou* estimées.

Qu'ils soient estimés *ou* qu'elles soient estimées.

IMPARFAIT.

Que je fusse estimé *ou* estimée.

Que tu fusses estimé *ou* estimée.

Qu'il fût estimée *ou* qu'elle fût estimée.

Que nous fussions estimés *ou* estimées.

Que vous fussiez estimés *ou* estimées.

Qu'ils fussent estimés *ou* qu'elles fussent estimées.

PRÉTÉRIT.

Que j'aie été estimé *ou* estimée.

Que tu aies été estimé *ou* estimée.

Qu'il ait été estimé *ou* qu'elle ait été estimée.

Que nous ayons été estimés *ou* estimées.

Que vous ayez été estimés *ou* estimées.

Qu'ils aient été estimés *ou* qu'elles aient été estimées.

PLUSQUE-PARFAIT.

Que j'eusse été estimé *ou* estimée.

Que tu eusses été estimé *ou* estimée.

Qu'il eût été estimé *ou* qu'elle eût été estimée.

Que nous eussions été estimés *ou* estimées.

Que vous eussiez été estimés *ou* estimées.

Qu'ils eussent été estimés

(71)

ou qu'elles eussent été estimées.

INFINITIF.

PRÉSENT.

Être estimé *ou* estimée.

PRÉTÉRIT.

Avoir été estimé *ou* estimée.

PARTICIPE.

PRÉSENT.

Étant estimé *ou* estimée.

PASSÉ.

Ayant été estimé *ou* estimée.

FUTUR.

Devant être estimé *ou* estimée.

Conjuguez de même les verbes passifs *être adoré, être uni, être aperçu, être entendu,* etc.

D. Les verbes passifs ont-ils un complément?

R. Oui, et ce complément est ordinairement marqué par les prépositions *de* et *par.* Exemples : *L'homme vertueux est estimé* de *tout le monde ; Abel fut tué* par *son frère Caïn.*

CONJUGAISON DES VERBES NEUTRES

OU INTRANSITIFS.

D. Comment se conjuguent les verbes neutres ou intransitifs ?

R. Un bon nombre de verbes intransitifs se conjuguent avec l'auxiliaire *avoir,* comme, *j'ai langui , j'avais parlé , j'aurais marché,* etc. D'autres se conjuguent avec l'auxiliaire *être ,* comme, *je suis arrivé, j'étais venu, etc.* Nous allons donner un modèle de conjugaison de ces derniers verbes.

INDICATIF.

PRÉSENT.

J'entre.
Tu entres.
Il *ou* elle entre.
Nous entrons.

Vous entrez.
Ils *ou* elles entrent.

IMPARFAIT.

J'entrais.
Tu entrais.
Il *ou* elle entrait.

Nous entrions.
Vous entriez.
Ils *ou* elles entraient.

PRÉTÉRIT DÉFINI.

J'entrai.
Tu entras.
Il *ou* elle entra.
Nous entrâmes.
Vous entrâtes.
Ils *ou* elles entrèrent.

PRÉTÉRIT INDÉFINI.

Je suis entré *ou* entrée.
Tu es entré *ou* entrée.
Il est entré *ou* elle est entrée.
Nous sommes entrés *ou* entrées.
Vous êtes entrés *ou* entrées.
Ils sont entrés *ou* elles sont entrées.

PRÉTÉRIT ANTÉRIEUR.

Je fus entré *ou* entrée.
Tu fus entré *ou* entrée.
Il fut entré *ou* elle fut entrée.
Nous fûmes entrés *ou* entrées.
Vous fûtes entrés *ou* entrées.
Ils furent entrés *ou* elles furent entrées.

PLUSQUE-PARFAIT.

J'étais entré *ou* entrée.
Tu étais entré *ou* entrée.
Il était entré *ou* elle était entrée.
Nous étions entrés *ou* entrées.
Vous étiez entrés *ou* entrées.

Ils étaient entrés *ou* elles étaient entrées.

FUTUR SIMPLE.

J'entrerai.
Tu entreras.
Il *ou* elle entrera.
Nous entrerons.
Vous entrerez.
Ils *ou* elles entreront.

FUTUR COMPOSÉ.

Je serai entré *ou* entrée.
Tu seras entré *ou* entrée.
Il sera entré *ou* elle sera entrée.
Nous serons entrés *ou* entrées.
Vous serez entrés *ou* entrées.
Ils seront entrés *ou* elles seront entrées.

CONDITIONNEL.
PRÉSENT.

J'entrerais.
Tu entrerais.
Il *ou* elle entrerait.
Nous entrerions.
Vous entreriez.
Ils *ou* elles entreraient.

PASSÉ.

Je serais entré *ou* entrée.
Tu serais entré *ou* entrée.
Il serait entré *ou* elle serait entrée.
Nous serions entrés *ou* entrées.
Vous seriez entrés *ou* entrées.
Ils seraient entrés *ou* elles seraient entrées.

SECOND CONDITIONNEL PASSÉ.

Je fusse entré *ou* entrée.

Tu fusses entré *ou* entrée.
Il fût entré *ou* elle fût entrée.
Nous fussions entrés *ou* entrées.
Vous fussiez entrés *ou* entrées.
Ils fussent entrés *ou* elles fussent entrées.

IMPÉRATIF.

(*Point de première personne au singulier.*)
Entre.
Qu'il *ou* qu'elle entre.
Entrons.
Entrez.
Qu'ils *ou* qu'elles entrent.

SUBJONCTIF.

PRÉSENT ou FUTUR.
Que j'entre.
Que tu entres.
Qu'il *ou* qu'elle entre.
Que nous entrions.
Que vous entriez.
Qu'ils *ou* qu'elles entrent.

IMPARFAIT.
Que j'entrasse.
Que tu entrasses.
Qu'il *ou* qu'elle entrât.
Que nous entrassions.
Que vous entrassiez.
Qu'ils *ou* qu'elles entrassent.

PRÉTÉRIT.
Que je sois entré *ou* entrée.
Que tu sois entré *ou* entrée.

Qu'il soit entré *ou* qu'elle soit entrée.
Que nous soyons entrés *ou* entrées.
Que vous soyez entrés *ou* entrées.
Qu'ils soient entrés *ou* qu'elles soient entrées.

PLUSQUE-PARFAIT.
Que je fusse entré *ou* entrée.
Que tu fusses entré *ou* entrée.
Qu'il fût entré *ou* qu'elle fût entrée.
Que nous fussions entrés *ou* entrées.
Que vous fussiez entrés *ou* entrées.
Qu'ils fussent entrés *ou* qu'elles fussent entrées.

INFINITIF.

PRÉSENT.
Entrer.

PRÉTÉRIT.
Être entré *ou* entrée.

PARTICIPE.

PRÉSENT.
Entrant.

PASSÉ.
Entré, entrée, étant entré *ou* entrée.

FUTUR.
Devant entrer.

Conjuguez de même les verbes *arriver, aller, tomber, sortir, partir, rester, naître, mourir, descendre, monter, passer, venir,* etc.

4

D. Les verbes neutres ne deviennent-ils pas quelquefois actifs ?

R. Il y a des verbes neutres qui peuvent quelquefois s'employer *activement*, c'est-à-dire, avec un complément objectif, comme dans cette phrase : *c'est une personne qui* parle *bien sa langue.* Le verbe neutre *parler* est pris ici dans une signification *active.*

QUESTION. Quand un verbe neutre se conjugue avec l'auxiliaire *être*, comment peut-on, dans les temps composés, le distinguer d'avec le verbe passif ?

RÉPONSE. Pour distinguer d'avec un verbe passif un verbe neutre conjugué dans ses temps composés avec l'auxiliaire *être*, il faut essayer d'employer ce verbe *activement.* Ainsi, dans cet exemple, *nos amis* sont parvenus *à*, *etc.*, si j'essaie de changer le verbe *parvenir* en un verbe actif, en lui donnant un complément direct, *parvenir quelqu'un*, *parvenir quelque chose*, je reconnaîtrai bientôt que je ne puis le faire, et j'en conclurai que c'est un verbe *neutre* que je trouve dans la phrase *nos amis sont parvenus......* Mais, dans cet autre exemple, *nos amis* sont prévenus *que, etc.*, si je veux donner au verbe *prévenir* un sens *actif*, eu disant, *prévenir quelqu'un*, *prévenir quelque chose*, je trouve sans peine que cet emploi du verbe *prévenir* est naturel, et j'en tire la conséquence que c'est un verbe *passif* que m'offre la phrase *nos amis sont prévenus.* C'est donc en essayant d'employer dans le sens actif un verbe conjugué avec l'auxiliaire *être*, que l'on reconnaîtra toujours si ce verbe est *neutre* ou *passif.*

CONJUGAISON DES VERBES RÉFLÉCHIS, RÉCIPROQUES ET PRONOMINAUX.

D. Ces trois sortes de verbes se conjuguent-elles de la même manière ?

R. Oui. Les verbes *réfléchis*, *réciproques* et *pronominaux* se conjuguent avec l'auxiliaire *être*, et les pronoms de la même personne. Nous donnons pour modèle la conjugaison du verbe réfléchi *se conduire*. Mais les verbes *réciproques* ne se conjuguent qu'au pluriel.

INDICATIF.

PRÉSENT.

Je me conduis.
Tu te conduis.
Il *ou* elle se conduit.
Nous nous conduisons.
Vous vous conduisez.
Ils *ou* elles se conduisent.

IMPARFAIT.

Je me conduisais.
Tu te conduisais.
Il *ou* elle se conduisait.
Nous nous conduisions.
Vous vous conduisiez.
Ils *ou* elles se conduisaient.

PRÉTÉRIT DÉFINI.

Je me conduisis.
Tu te conduisis.
Il *ou* elle se conduisit.
Nous nous conduisîmes.
Vous vous conduisîtes.
Ils *ou* elles se conduisirent.

PRÉTÉRIT INDÉFINI.

Je me suis conduit *ou* conduite.

Tu t'es conduit *ou* conduite.
Il s'est conduit *ou* elle s'est conduite.
Nous nous sommes conduits *ou* conduites.
Vous vous êtes conduits *ou* conduites.
Ils se sont conduits *ou* elles se sont conduites.

PRÉTÉRIT ANTÉRIEUR.

Je me fus conduit *ou* conduite.
Tu te fus conduit *ou* conduite.
Il se fut conduit *ou* elle se fut conduite.
Nous nous fûmes conduits *ou* conduites.
Vous vous fûtes conduits *ou* conduites.
Ils se furent conduits *ou* elles se furent conduites.

PLUSQUE-PARFAIT.

Je m'étais conduit *ou* conduite.

Tu t'étais conduit *ou* conduite.

Il s'était conduit *ou* elle s'était conduite.

Nous nous étions conduits *ou* conduites.

Vous vous étiez conduits *ou* conduites.

Ils s'étaient conduits *ou* elles s'étaient conduites.

FUTUR SIMPLE.

Je me conduirai.

Tu te conduiras.

Il *ou* elle se conduira.

Nous nous conduirons.

Vous vous conduirez.

Ils *ou* elles se conduiront.

FUTUR COMPOSÉ.

Je me serai conduit *ou* conduite.

Tu te seras conduit *ou* conduite.

Il se sera conduit *ou* elle se sera conduite.

Nous nous serons conduits *ou* conduites.

Vous vous serez conduits *ou* conduites.

Ils se seront conduits *ou* elles se seront conduites.

CONDITIONNEL.

PRÉSENT.

Je me conduirais.

Tu te conduirais.

Il *ou* elle se conduirait.

Nous nous conduirions.

Vous vous conduiriez.

Ils *ou* elles se conduiraient.

PASSÉ.

Je me serais conduit *ou* conduite.

Tu te serais conduit *ou* conduite.

Il se serait conduit *ou* elle se serait conduite.

Nous nous serions conduits *ou* conduites.

Vous vous seriez conduits *ou* conduites.

Ils se seraient conduits *ou* elles se seraient conduites.

SECOND CONDITIONNEL PASSÉ.

Je me fusse conduit *ou* conduite.

Tu te fusses conduit *ou* conduite.

Il se fût conduit *ou* elle se fût conduite.

Nous nous fussions conduits *ou* conduites.

Vous vous fussiez conduits *ou* conduites.

Ils se fussent conduits *ou* elles se fussent conduites.

IMPÉRATIF.

(*Point de première personne au singulier.*)

Conduis-toi.

Qu'il *ou* qu'elle se conduise.

Conduisons-nous.

Conduisez-vous.

Qu'ils *ou* qu'elles se conduisent.

SUBJONCTIF.

PRÉSENT ou FUTUR.

Que je me conduise.

Que tu te conduises.

Qu'il *ou* qu'elle se conduise.

Que nous nous conduisions.

Que vous vous conduisiez.
Qu'ils *ou* qu'elles se conduisent.

IMPARFAIT.

Que je me conduisisse.
Que tu te conduisisses.
Qu'il *ou* qu'elle se conduisît.
Que nous nous conduisissions.
Que vous vous conduisissiez.
Qu'ils *ou* qu'elles se conduisissent.

PRÉTÉRIT.

Que je me sois conduit *ou* conduite.
Que tu te sois conduit *ou* conduite.
Qu'il se soit conduit *ou* qu'elle se soit conduite.
Que nous nous soyons conduits *ou* conduites.
Que vous vous soyez conduits *ou* conduites.
Qu'ils se soient conduits *ou* qu'elles se soient conduites.

PLUSQUE-PARFAIT.

Que je me fusse conduit *ou* conduite.
Que tu te fusses conduit *ou* conduite.
Qu'il se fût conduit *ou* qu'elle se fût conduite.
Que nous nous fussions conduits *ou* conduites.
Que vous vous fussiez conduits *ou* conduites.
Qu'ils se fussent conduits *ou* qu'elles se fussent conduites.

INFINITIF.

PRÉSENT.

Se conduire.

PRÉTÉRIT.

S'être conduit *ou* conduite.

PARTICIPE.

PRÉSENT.

Se conduisant.

PASSÉ.

Conduit, conduite, s'étant conduit *ou* conduite.

FUTUR.

Devant se conduire.

Conjuguez de même *se contenter, se féliciter, s'appuyer, s'ennuyer, s'abstenir, s'émouvoir, se glorifier, se débattre, s'épanouir, s'enfuir, s'entretenir, se moquer, se taire, se plaindre, se méconnaître, s'enquérir, se prévaloir, s'asseoir, s'éteindre,* etc.; et, sans singulier, *s'entr'aider, s'entre-nuire, s'entre-dévorer,* etc.

CONJUGAISON DES VERBES UNIPERSONNELS.

D. Comment se conjuguent les verbes unipersonnels ?

R. Les verbes *unipersonnels* se conjuguent comme les autres verbes, excepté qu'ils n'ont que la troisième personne du singulier.

INDICATIF.	PASSÉ.
PRÉSENT.	Il aurait *ou* il eût importé.
Il importe.	SUBJONCTIF.
IMPARFAIT.	PRÉSENT ou FUTUR.
Il importait.	Qu'il importe.
PRÉTÉRIT DÉFINI.	IMPARFAIT.
Il importa.	Qu'il importât.
PRÉTÉRIT INDÉFINI.	PRÉTÉRIT.
Il a importé.	Qu'il ait importé.
PRÉTÉRIT ANTÉRIEUR.	PLUSQUE-PARFAIT.
Il eut importé.	Qu'il eût importé.
PLUSQUE-PARFAIT.	INFINITIF.
Il avait importé.	PRÉSENT.
FUTUR SIMPLE.	Importer.
Il importera.	PARTICIPE PASSÉ.
FUTUR COMPOSÉ.	Ayant importé.
Il aura importé.	
CONDITIONNEL.	
PRÉSENT.	
Il importerait.	

D. A quoi reconnaît-on un verbe unipersonnel ?

R. On reconnaît qu'un verbe est *unipersonnel*, quand, à la place du mot *il*, on ne peut substituer un nom. Mais, si le mot *il* peut être remplacé par un nom, comme dans cette phrase, *il parle*, où l'on peut mettre *l'homme*, au lieu du mot *il*, et dire *l'homme parle*, le verbe *il parle* n'est point *unipersonnel*.

CHAPITRE VI.

LE PARTICIPE.

D. Qu'est-ce que le participe ?

R. Le *participe* est un mot qui tient du verbe et de l'adjectif. Il tient du verbe, en ce qu'il en a la signification et le complément, comme, *étudiant* une leçon, leçon *étudiée* par l'élève. Il tient de l'adjectif, en ce qu'il *qualifie* une personne ou une chose, comme, *vieillard honoré*, *vertu éprouvée.*

D. Combien y a-t-il de sortes de participes ?

R. Il y a deux sortes de participes : le participe présent, et le participe passé.

D. Comment se termine le participe présent ?

R. Il est toujours terminé en *ant*, comme, *adorant, unissant, percevant, entendant.*

D. Le participe présent prend-il le genre et le nombre ?

R. Non : le participe présent ne change jamais. Exemples : *des hommes adorant Dieu, des femmes pleurant leurs enfants.*

D. Cependant, en parlant d'une femme, on dit : *je l'ai trouvée* pleurante ; et, en parlant de plusieurs, *je les ai trouvées* pleurantes. N'est-ce pas là un participe présent au féminin et au pluriel ?

R. Non. Il faut distinguer les *adjectifs verbaux* des participes présents. On appelle adjectifs *verbaux*, ceux qui viennent des *verbes*, et qui sont terminés en *ant*, comme, *pleurant, pleurante ; charmant, charmante ; obligeant, obligeante ; etc.* Ces adjectifs s'accordent avec les noms auxquels ils se rapportent ; mais les participes présents sont toujours invariables.

D. Comment distingue-t-on les adjectifs verbaux des participes présents ?

R. Pour distinguer les adjectifs verbaux des participes présents, il faut voir si ces mots ont un complément. S'ils ont un complément, ce sont des participes. S'ils n'ont point de complément, ce sont des adjectifs.

EXEMPLES.

Cette femme est douce, affable, prévenant *tout le monde.*

Cette femme est douce, affable, prévenante.

Dans la première phrase, le mot *prévenant* est un participe, parce qu'il a un complément, *tout le monde.* Dans la seconde, *prévenante* est un adjectif verbal, parce que ce mot n'a point de complément.

Participe passé.

D. Quelle est la terminaison du participe passé ?

R. Le participe passé a plusieurs terminaisons, comme, *adoré, uni, reçu, mis, ouvert, écrit, joint, teint, exclu, mort.*

D. A combien de règles le participe passé est-il soumis ?

R. Le participe passé, joint aux verbes auxiliaires, *être* ou *avoir,* est soumis à quatre règles.

D. Quelle est la première ?

R. Première règle. Le participe passé, joint au verbe *être,* s'accorde toujours en genre et en nombre avec son sujet.

EXEMPLES.

Le procès a été gagné.	L'armée a été défaite.
Les procès ont été gagnés.	Les armées ont été défaites.
Le tonnerre est tombé.	La flotte est sortie.
La foudre est tombée.	Les flottes sont sorties.

Il n'y a point d'exception.

D. Quelle est la seconde règle ?

R. Deuxième règle. Quand le participe passé

est joint au verbe *avoir*, il ne s'accorde jamais avec son sujet.

EXEMPLES :

Mon frère a dansé.	Ma sœur a dansé.
Mes frères ont dansé.	Mes sœurs ont dansé.

Le participe *dansé* ne change point, quoique le sujet soit, tantôt masculin, tantôt féminin, tantôt singulier, tantôt pluriel.

D. Quelle est la troisième règle?

R. *Troisième règle.* Le participe passé, joint au verbe *avoir*, s'accorde avec son complément direct, quand ce complément le précède.

EXEMPLES :

Les dons que nous avons reçus *du ciel.*

Les places que vous avez remplies.

Les aumônes qu'elle a répandues *dans le sein des pauvres.*

Les fautes que j'ai commises, *je les ai* expiées.

Que de maux n'ai-je pas soufferts ?

D. Quelle est la quatrième règle?

R. *Quatrième règle.* Le participe passé, joint au verbe *avoir*, ne s'accorde point avec son complément, quand ce complément n'est qu'après le participe.

EXEMPLES :

Ma fille a mangé un abri-cot.	Ma fille a mangé une pê-che.
Ma fille a mangé des abri-cots.	Ma fille a mangé des pê-ches.

Le participe *mangé* ne change point, quoique le complément soit, tantôt masculin, tantôt féminin, tantôt singulier, tantôt pluriel ; parce que ce complément n'est placé qu'après le participe.

REMARQUE. Quand le participe passé n'est joint ni au verbe *être* ni au verbe *avoir*, il est regardé comme adjectif, et doit s'accorder avec le nom auquel il se rapporte. Exemples : *Je trouve ces jeunes gens bien instruits. On voit rarement des demoiselles mieux élevées.*

Participe passé des verbes réfléchis.

D. Quelle règle d'accord suit le participe passé d'un verbe réfléchi ?

R. Lorsque le participe passé est celui d'un verbe réfléchi, il faut mettre le verbe *avoir* à la place du verbe *être* ; et, si le pronom réfléchi est *complément direct*, le participe passé devra s'accorder avec ce pronom ; mais, s'il n'est que complément indirect, le participe passé ne changera point, à moins qu'il ne soit précédé d'un autre complément direct.

EXEMPLE :

Ces peuples se sont donnés au vainqueur.
Je mets le verbe *avoir* à la place du verbe *être*, et je dis : *ces peuples ont donné eux.* Le pronom *se* est donc complément direct. Ainsi, je fais accorder le participe *donnés* avec ce pronom qui se rapporte à *peuples.* J'écris donc *donnés* au masculin et au pluriel.

Mais, dans cet exemple,
Quelques païens se sont donné la mort,
en mettant le verbe *avoir* à la place du verbe *être*, je dois dire : *quelques païens ont donné à eux la mort.* Donc *se* est ici complément indirect, et par conséquent le participe ne doit point varier. J'écris donc *donné* (sans accord).

Mais, s'il y a un autre complément dire

avant ce participe, le participe s'accordera avec ce complément.

EXEMPLE :

La mort que quelques païens se sont donnée.

En mettant le verbe *avoir* au lieu du verbe *être*, je dis : *la mort* que *quelques païens ont donnée* à eux. *Se* est complément indirect; mais il y a un autre complément, *que*, pour la mort; et c'est avec ce complément *direct* que s'accorde le participe *donnée*, fém. sing.

Les participes des verbes *réciproques* suivent la même règle d'accord que les participes des verbes réfléchis.

EXEMPLE :

Ces deux hommes se sont battus, *et se sont* dit *des injures.*

Les participes des verbes *pronominaux* suivent la règle des participes des verbes passifs, c'est-à-dire, qu'ils s'accordent avec le sujet de la phrase.

EXEMPLE :

Ces confitures se sont gâtées à *l'humidité* (ont été gâtées).

Participe passé suivi d'un infinitif.

D. Quelle est la règle du participe passé suivi d'un verbe à l'infinitif?

R. Lorsque le participe passé est suivi d'un verbe à l'infinitif, le complément qui précède les deux verbes peut être, ou le complément du participe passé, ou le complément du verbe à l'infinitif. S'il est le complément du participe passé, le participe doit s'accorder avec ce complément; mais, s'il est le complément du verbe à l'infinitif, le participe passé ne changera point.

On reconnaît que le complément qui précède les deux verbes est celui du participe, quand on peut mettre ce complément immédiatement après le participe, et changer l'infinitif qui suit en participe présent, ou bien en un imparfait précédé du relatif *qui*.

EXEMPLE :

La demoiselle que *j'ai* entendue *chanter.*

Pour savoir si le *que* placé avant les deux verbes est le complément du participe, j'essaie de mettre le substantif que ce pronom *que* représente, immédiatement après le participe, et de changer l'infinitif qui suit en participe présent, ou bien en un imparfait devant lequel je place le relatif *qui.* On peut en effet dire : *j'ai entendu la demoiselle* chantant, *ou qui chantait.* Donc le *que* est le complément du participe ; je dois alors écrire *entendue* (au féminin).

Mais, dans cette phrase, *la romance que j'ai entendu chanter,* je ne puis pas dire : *j'ai entendu la romance* chantant, *ou* qui chantait. Le *que* n'est donc pas le complément du participe *entendu.* Ce participe est donc invariable.

Participe passé suivi d'un infinitif que précède une préposition.

D. Quelle est la syntaxe d'un participe passé joint au verbe *avoir,* et *suivi* d'une *préposition* qui précède un *infinitif ?*

R. Ce participe est assujetti à deux règles.

PREMIÈRE RÈGLE. Si le pronom relatif qui se trouve avant les deux verbes représente un substantif qui puisse se placer immédiatement après le participe, ce participe devra s'accorder.

EXEMPLES :

Il s'est présenté bien des difficultés dans la matière que vous m'avez *donnée* à traiter. (Vous m'avez *donné* une *matière* à traiter.)

Les obstacles que nous avons *eus* à surmonter. (Nous avons *eu* des *obstacles* à surmonter.)

On *les* a *contraints* de partir. (On a *contraint eux* de partir.)

SECONDE RÈGLE. Si le pronom relatif, placé avant les deux verbes, représente un nom ou un pronom qui ne puisse se mettre qu'après l'infinitif, le participe ne changera point.

EXEMPLES :

Les préjugés que vous avez *contribué* à détruire. (Vous n'avez point *contribué* les *préjugés* à détruire, mais à *détruire les préjugés.*)

Les secrets qu'on nous a *recommandé* de garder. (On a recommandé, non *les secrets de garder*, mais de *garder les secrets.*)

Les mesures que vous leur avez *conseillé* de prendre. (Vous ne leur avez point *conseillé les mesures de prendre*, mais bien de *prendre les mesures.*)

Participe passé joint au verbe avoir, *précédé du pronom relatif* en.

D. A combien de règles est soumis le participe passé joint au verbe *avoir*, et précédé du mot *en* ?

R. A trois règles.

PREMIÈRE RÈGLE. Le participe passé joint au verbe *avoir*, et précédé du mot *en*, ne change point lorsque ce pronom ne représente qu'un complément indirect, et qu'on peut le changer en *de ceci, de cela, de ces choses-là.*

EXEMPLES :

Si quelques-uns d'eux ont fait de bons ouvrages, vous, vous n'*en* avez jamais *produit.* (Produit de ces ouvrages, de ceci, de cela.)

Vous me reprochez mes fautes ; mais quel est celui qui n'*en* a point commis dans sa vie ? (*Commis* de ces fautes, de ceci, de cela.)

J'ai acheté plus de livres que je n'*en* ai *lu.* (Lu de ceci, de cela, de livres.)

Dans les phrases qui expriment une comparaison, le relatif *en* ne peut jamais faire accorder le participe qui le suit, parce que le *que,* placé entre les deux membres de la phrase, est une conjonction copulative, et non un collectif.

SECONDE RÈGLE. Le pronom relatif *en,* précédé des mots *que, combien, tant, autant, moins, plus,* etc., employés comme substantifs collectifs, demande l'accord du participe passé qui suit. Il sert alors de déterminatif à ces collectifs ; il ne peut en être séparé, et ces deux mots réunis représentent un complément direct.

EXEMPLES :

Que de pêches j'ai cueillies ! *que j'en* ai mangées ! (Que d'*elles*, de *pêches*, j'ai mangées !)

Ne me dites rien de ces sortes de gens ! *plus* j'en ai connus, *moins* j'en ai estimés. (*Plus* d'*eux* j'ai connus, *moins* d'*eux* j'ai estimés.)

TROISIÈME RÈGLE. Le participe passé joint au verbe *avoir,* et précédé du mot *en,* peut se rapporter à un autre pronom placé auparavant, et qui en soit le complément direct. Il doit alors s'accorder avec cet autre pronom.

EXEMPLES :

Vous aviez reçu un sanglant affront ; mais la vengeance *que* vous en avez *tirée* a dû vous satisfaire. (Le participe *tirée* s'accorde avec le pronom relatif *que*, pour *vengeance*.)

Cette famille était tombée dans une extrême misère ; mes parents *l'*en ont *retirée*. (Le participe *retirée* s'accorde avec le pronom relatif *la*, pour *famille*.)

Participe passé joint au verbe avoir, *précédé des pronoms* le , la, les.

D. A combien de règles les pronoms relatifs *le*, *la*, *les* assujettissent-ils les participes qui les suivent ?

R. A deux règles.

PREMIÈRE RÈGLE. Lorsque le pronom *le* tient la place d'un *adjectif*, il ne reçoit ni le genre ni le nombre, et le participe qui le suit reste invariable.

EXEMPLE :

Cette science n'est pas aussi *difficile* qu'on l'avait *cru*. (Ce n'est point la science qu'on avait *crue*, c'est la difficulté qu'on avait *crue plus grande* dans la science. Le pronom se rapporte donc ici à l'adjectif *difficile* ; et ce pronom est invariable, parce qu'on ne dirait point au pluriel : les sciences ne sont pas aussi difficiles qu'on *les* avait *crues* ; mais bien : les sciences ne sont pas aussi difficiles qu'on *l'*avait *cru*.... Donc le participe *cru* ne doit point changer.....

On avait cru *ceci*, *cela*, la difficulté dans la science.)

DEUXIÈME RÈGLE. Lorsque le relatif *le*, *etc.*, se rapporte à un substantif précédé de son article, il prend le genre et le nombre, et demande l'accord du participe qui le suit.

EXEMPLE :

Voilà une harpe telle que tu *l'*as long-temps *desirée*. (Le relatif *la* tient ici la place du substantif *harpe*, précédé de l'adjectif déterminatif *une*. On dirait au pluriel : des harpes telles que tu *les* as long-temps *desirées*. Le relatif *la* prend donc alors le genre et le nombre, et demande l'accord du participe suivant.)

Du participe passé entre deux que.

D. Quelle règle suit le participe passé placé entre deux *que* ?

R. Ce participe est ordinairement invariable.

EXEMPLES :

C'est une nouvelle *que* j'ai *cru que* vous saviez.

C'est une affaire *que* vous n'avez point *voulu que* je fisse.

Le second de ces deux *que* est une conjonction déterminative. Le premier est seul pronom relatif ; mais ce pronom relatif est presque toujours complément du second verbe, et ne l'est presque jamais du participe passé. La preuve que ce pronom *que* tombe sur le second verbe, c'est que, si vous changez le second verbe en un autre qui demande un complément indirect, le *que* se change en un complément indirect. Ainsi, au lieu du verbe *savoir*, dans le premier exemple, mettez l'un des deux verbes *être instruit*, *être informé*, et votre phrase deviendra, « c'est une nouvelle *dont* j'ai cru que vous étiez *informé, instruit, etc.* », parce qu'on dit, être informé, instruit *de* quelque chose. Donc, quand le second verbe change, le *que* change en même temps. Donc ce *que* tombe sur le second verbe, et non sur le *participe passé*.

Cependant le *que* relatif tombe sur le participe passé dans la phrase suivante : Cette femme que j'avais *avertie* qu'elle tomberait ne s'est point garantie de sa chute. Mais ces constructions sont peu usitées.

Participe passé du verbe faire.

D. Le participe passé du verbe *faire* est-il soumis à quelque exception ?

R. Oui. Lorsque le participe *fait* est joint seulement au verbe *avoir*, il suit la règle des autres participes précédés de leur complément direct, et s'accorde avec ce complément, comme dans ces phrases : Dieu nous *a faits* à son image. Elle s'*est faite* religieuse... Mais, si le participe *fait* est suivi d'un verbe à l'infinitif, il ne s'accorde jamais. Exemples : Ce sont des arbres que la sécheresse a *fait* mourir... C'est une maison que j'ai *fait* bâtir.

Le verbe *faire*, suivi d'un infinitif, ne forme avec ce second verbe qu'une seule et même idée. Ce sont deux mots inséparables, et le complément qui les précède tombe sur les deux verbes à la fois, et non sur le *participe passé* pris séparément.

Participe passé du verbe laisser.

D. A combien de règles est soumis le participe *laissé* ?

R. A deux règles.

Première règle. Le participe passé *laissé*, suivi de l'infinitif d'un verbe *neutre*, s'accorde avec le complément qui précède les deux verbes.

Exemples :

Ces femmes, qu'on a laissées entrer, n'auraient pas dû être admises dans notre assemblée.

Ces enfants se sont laissés tomber dans la boue.

Seconde règle. Le participe *laissé*, suivi de l'infinitif d'un verbe *actif*, reste invariable.

Exemples :

Ces livres que vous avez laissé emporter de chez moi ne m'appartenaient pas.

Ces jeunes gens se sont laissé entraîner par de perfides amis.

Remarque. Si le verbe *actif*, qui suit le participe *laissé*, avait lui-même un complément particulier, alors le complément qui précède les deux verbes tomberait sur le participe *laissé*, et ce participe prendrait l'accord. Ainsi, en parlant d'une femme, dites : on *l'a laissée* battre son enfant.... Dites pareillement : une mouche s'est placée sur ma main, je *l'ai laissée* me piquer.

Participes des verbes neutres *ou* intransitifs.

D. Qu'ont de remarquable les participes des verbes neutres ou intransitifs ?

R. Les participes des verbes *neutres* ou *intransitifs* se conjuguent, tantôt avec l'auxiliaire *être*, tantôt avec l'auxiliaire *avoir*... Les participes des verbes intransitifs, joints au verbe *être*, s'accordent avec leurs *sujets*, comme dans ces phrases : mes *frères* sont *venus* ; mes *sœurs* sont *venues*. Mais les participes des verbes intransitifs, joints à l'auxiliaire *avoir*, ne changent jamais. Le *que* qui les précède n'en représente point le complément direct, puisque les verbes *intransitifs* ou *neutres* ne sauraient avoir de *complément direct*.

EXEMPLES :

Elle vous a paru malade, elle ne l'est point.

Les deux heures que j'ai dormi m'ont soulagé la tête.

Les trois lieues que nous avons couru nous ont donné un grand appétit.

Ce cheval ne vaut plus aujourd'hui les cent louis qu'il a valu, qu'il m'a coûté.

REMARQUE. *Valoir* et *coûter* ont quelquefois une signification active; alors *valoir* signifie *procurer*, et *coûter* signifie *exiger, amener à sa suite :* dans cette signification, leurs participes deviennent susceptibles d'accord.

EXEMPLES :

Tels sont les honneurs que mon habit m'a valus. — Rappelez-vous les larmes et les chagrins que vous a coûtés cette folie.

Nous goûtons mille fois le jour le prix des combats que notre heureuse situation nous a coûtés.

Après touts les ennuis que ce jour m'a coûtés,
Ai-je pu rassurer mes esprits agités ?

Participes passés des verbes unipersonnels.

D. Les participes passés des verbes *uniper-sonnels* peuvent-ils changer ?

R. Non. Ces participes sont toujours *invariables.*

EXEMPLES :

Il *s'est* élevé *une contestation.*

Rappelez-vous, Athéniens, les humiliations qu'il vous en a coûté, *pour vous être laissé mener par vos orateurs.*

Ce capitaine a choisi lui-même les hommes qu'il lui a fallu *pour son entreprise ; les lui a-t-il vraiment* fallu *en aussi grand nombre ?*

Les beaux jours qu'il y a eu sur la fin de cet automne.

Les grands vents qu'il a fait ces jours-ci, etc.

CHAPITRE VII.

LA PRÉPOSITION.

D. Qu'est-ce que la préposition ?

R. La *préposition* est un mot *invariable* qui sert à marquer les rapports que les choses ont entr'elles.

Les prépositions ont un complément.

Voici le tableau des principales prépositions.

TABLEAU DES PRÉPOSITIONS.		
A.	Durant.	Parmi.
A cause de.	En.	Pendant.
Après.	En deçà de, de	Pour.
Attendu *ou* vu.	deçà, par deçà.	Près de.
Au lieu de.	Entre.	Proche.
Auprès de.	Envers *ou* à l'égard.	Quant à.
Autour.	Environ.	Sans.
Avant.	Excepté.	Sauf.
Avec, d'avec.	Hormis.	Selon.
Chez.	Hors.	Sous.
Contre.	Jusque, jusques.	Suivant.
Dans.	Loin de.	Sur.
De.	Le long de.	Touchant *ou*
De-là, au-delà, de	Malgré.	concernant.
delà, par delà.	Moyennant.	. . . .
Depuis.	Nonobstant.	Vers.
Derrière.	Outre.	Vis-à-vis.
Dès.	Par.	Voici.
Devant.	Par-devers.	Voilà.

CHAPITRE VIII.

L'ADVERBE.

D. Qu'est-ce que l'adverbe ?

R. L'adverbe est un mot *invariable* qui se joint au verbe ou à l'adjectif, pour en exprimer quelque circonstance.

D. Combien distinguez-vous de sortes d'*adverbes ?*

R. Nous distinguons principalement six sortes d'*adverbes* ; savoir : les adverbes de manière, d'ordre, de temps, de lieu, de quantité, et de comparaison.

1° Les adverbes de *manière*, comme : *poliment, doucement, modestement, etc.*

2° Les adverbes d'*ordre : premièrement, secon-*

dement, *d'abord, ensuite, auparavant, après, etc.*

3° Les adverbes de *temps : hier , avant-hier, aujourd'hui, demain, après-demain , autrefois, bientôt , souvent , toujours , jamais, etc.*

4° Les adverbes de *lieu : où , ici, là , près, loin , ailleurs , par-tout , auprès , dedans , dehors , dessus , etc.*

5° Les adverbes de *quantité : beaucoup, peu , guère , assez , trop , bien , combien , que , davantage , si , etc.*

6° Les adverbes de *comparaison : plus, moins , autant , aussi , etc.*

D. Vous avez défini l'adverbe *un mot invariable*. N'y a-t-il point des adverbes composés de plusieurs mots?

R. Il y a des adverbes composés de plusieurs mots, et que l'on appelle *locutions adverbiales*, comme : *à contre-temps , à contre-sens , mal à propos , tout à coup , tout à l'heure , tout-à-fait, à la fois, tout à la fois , à foison , côte à côte , à mi-côte , à plomb , d'aplomb , à peu près , par degrés , par intervalles , etc.*

D. Comment distingue-t-on l'adverbe de la préposition?

R. On distingue l'adverbe de la préposition, en ce que la préposition a un complément, et que l'adverbe n'en peut point avoir.

CHAPITRE IX.
LA CONJONCTION.

D. Qu'est-ce que la conjonction?

R. La *conjonction* est un mot *invariable* qui sert à lier ensemble les diverses parties de la phrase.

D. Combien distinguez-vous de sortes de conjonctions?

R. Nous partageons les conjonctions en neuf classes ; savoir : les copulatives, les adversatives, les disjonctives, les explicatives, les circonstancielles, les conditionnelles, les causatives, les transitives, et les déterminatives.

Copulatives........ { et.
que.
ni.
aussi.

Adversatives....... { mais.
quoique.
toutefois.
bien que.
néanmoins.
cependant.
pourtant.

Disjonctives...... { ou.
soit.

Explicatives...... { savoir.
c'est-à-dire.
comme.

Circonstancielles .. { lorsque.
quand.
tandis que.
durant que.
pendant que.
tant que.
comme.
dès que.
avant que.
après que.
aussitôt que.
depuis que.
jusqu'à ce que.
voici que, etc.

Conditionnelles....	si. sinon. à moins que. en cas que. pourvu que. à condition que. supposé que. si ce n'est que. sans quoi.
Causatives	car. puisque. vu que. attendu que. parce que. à cause que. d'autant que. dès que. pourquoi. c'est pourquoi. afin de. afin que. de peur que. de crainte que.
Transitives	or. donc. par conséquent. en effet. enfin. au reste. à propos. ainsi. de plus. d'ailleurs. outre que. encore.
Terminatives........	que.

CHAPITRE X.

L'INTERJECTION.

D. Qu'est-ce que l'interjection ?

R. L'*interjection* est un mot *invariable* qui sert à exprimer les divers sentiments de l'ame.

La joie : *ah! bon!*
La douleur : *Ah! hélas!*
La crainte : *ha! hé!*
L'aversion : *fi! fi donc!*.
L'admiration : *oh!*
Pour encourager : *çà ; allons ; courage.*
Pour appeler : *holà! hé!*
Pour faire taire : *chut ; paix.*

SYNTAXE.

Du, de le, de la, des, de.

D. Qu'avez-vous à remarquer sur ces mots *du, de le, de la, des, de ?*

R. Nous avons dit que la fonction ordinaire de l'article est de donner au nom qu'il précède un sens fixe et déterminé : la *porte* du *jardin est ouverte....;* les *fenêtres* de la *salle sont fermées.* Cependant *du, de le, de la, des,* placés devant un substantif, ne lui donnent pas toujours un sens précis et déterminé. Ces mots font quelquefois prendre le substantif qui les suit dans une partie seulement de sa signification, dans un sens d'extrait. Ce sont alors des articles *partitifs,* des particules *extractives.* Ainsi, quand on dit, du *pain,* de la *viande,* des *légumes, sont la nourriture ordinaire de l'homme*, on parle d'une quantité indéterminée de *pain*, de *viande*, de *légumes*; c'est *quelque* portion de pain, de viande, de légumes. *Du*, *des*, ne se décomposent point alors en *de le*, *de les*; ils sont mis pour *quelque*, *quelques*, *une quantité de*.... La particule *de* a le même usage. On met *du*, *de le*, *de la*, *des*, devant les noms qui sont les compléments des verbes employés affirmativement ou interrogativement : *vous me faites* du *chagrin*, *de la peine*; *je vous dois de l'argent*; *je sens* des *douleurs... boirez-vous* du *vin*, *de la bière ?* Mais, quand les noms sont les compléments des verbes pris négativement, c'est de la particule *de* qu'il faut les faire précéder : *je ne vous ferai point* de *chagrin*; *je ne vous causerai point* de *peine*; *je ne vous dois point d'argent*; *vous ne buvez point* de *bière....*

C'est encore la particule extractive *de* qu'il faut mettre devant les noms *précédés de leurs adjectifs*, lorsque ces noms sont pris seulement dans une partie indéterminée de leur signification : *j'ai lu* de *bons livres*, *je mange* de *bon pain*, *de bonne viande*. Mais, si les substantifs *précédés de leurs adjectifs* étaient suivis de quelque déterminatif, ce serait *du*, *de la*, *des*, qu'il faudrait employer avant ces adjectifs, comme dans ces exemples : *vous avez su tirer un grand profit* des *bons livres que vous avez lus*; *je ne m'écarterai jamais* des *sages conseils de mon ami*.

NOMS COMPOSÉS.

D. Comment se forme le pluriel dans les noms composés ?

R. 1° Si le nom est composé de deux substantifs , ils prennent touts deux la marque du pluriel. Exemple: *un-chef-lieu, des chefs-lieux.*

2.° Quand le nom est composé d'un substantif et d'un adjectif, ils prennent aussi touts deux la marque du pluriel. Exemples : *un petit-neveu, des petits-neveux ; une belle-sœur, des belles-sœurs ; un arc-boutant, des arcs-boutants ; un bout-rimé, des bouts-rimés ; etc.*

3° Si le nom est composé d'un substantif joint à une préposition , le substantif seul prend la marque du pluriel. Exemples : *une contre-danse, des contre-danses ; un avant-coureur, des avant-coureurs ;* etc.

4° Quand le nom est formé de deux substantifs unis par une préposition , le premier substantif prend seul la marque du pluriel. Ex. : *un arc-en-ciel , des arcs-en-ciel ; un chef-d'œuvre, des chefs-d'œuvre ;* etc.

5° Si le nom est composé d'un substantif et d'un verbe, le substantif prend seul la marque du pluriel. Exemples : *un abat-vent , des abat-vents ; un tire-bouchon , des tire-bouchons.*

Noms collectifs.

D. Qu'appelez-vous noms collectifs ?

R. Les noms *collectifs* sont des noms qui expriment la *collection* ou la réunion de plusieurs objets.

D. Combien distinguez-vous de sortes de noms collectifs ?

R. Il y a deux sortes de collectifs, les collectifs *généraux*, et les collectifs *partitifs.*

Les collectifs *généraux* sont ceux qui désignent l'universalité des parties dont un tout est formé. *L'armée*, le *peuple*, la *forêt, etc.*, sont des collectifs *généraux*.

Les collectifs *partitifs* sont ceux qui expriment la réunion de plusieurs parties prises dans le tout complet. Une *douzaine*, une *foule*, une *troupe*, une *infinité*, la *plupart*, *beaucoup*, *peu*, *assez*, *moins*, *plus*, *tant*, *combien*, *que*, dans le sens de *combien, etc.*, sont des collectifs *partitifs*.

D. Quelle règle prescrit la syntaxe pour chacune de ces sortes de collectifs?

R. RÈGLE DU COLLECTIF GÉNÉRAL. Le *verbe*, l'*adjectif*, ou le *participe passé*, s'accordent avec le collectif *général*, et non avec le substantif qui le suit.

EXEMPLES :

L'armée des Allemands fut mise *en déroute.*

Le peuple *des pays voisins* accourut *à cette* fête.

RÈGLE DU COLLECTIF PARTITIF. Le *verbe*, l'*adjectif*, ou le *participe passé*, s'accordent avec le nom qui suit le collectif *partitif*, et non avec ce collectif.

EXEMPLES :

*Une douzaine d'*assiettes *ont été* cassées *dans cette rixe.*

Une foule de bons écrivains employèrent *la langue française sur les objets mêmes dont les savants semblaient se réserver la connaissance.*

Une troupe de nymphes *couronnées de fleurs nageaient en foule derrière le char; leurs beaux cheveux pendaient sur leurs épaules, et flottaient au gré du vent.*

Une infinité d'obstacles ont fait *manquer cette entreprise.*

Beaucoup de personnes *sont* venues *nous voir.*

Peu de paroles ont suffi *pour l'apaiser.*

Tant de témérité *serait bientôt* punie.

Comment tant de grandeur *s'est-elle* évanouie?

Combien de belles choses *il a* étalées *à nos yeux !*

Que d'audace il a montrée!

Que de pleurs j'ai versés! *Etc.*

D. Sur quel principe est fondée la différence entre les deux règles que vous venez d'établir?

R. Cette différence vient de ce que le collectif *général* présente seul une idée complète et indépendante. On peut dire : *armée, peuple, forêt,* etc. tout seuls. Mais les collectifs *partitifs* ne peuvent s'employer qu'avec un autre nom qui en détermine la signification. Les mots *foule, troupe, nombre, quantité, tant, combien, que,* etc., n'offrent une idée fixe et complète qu'avec le nom auquel ils sont joints, et qui leur sert de déterminatif.

Adjectifs numéraux.

D. Quelles règles suivent les adjectifs numéraux *cent* et *vingt?*

R. Les adjectifs de nombre *cent* et *vingt,* employés au pluriel, prennent *s,* quand ils sont suivis ou censés suivis d'un substantif; mais ils ne prennent point *s,* quand ils sont suivis d'un autre adjectif de nombre. Exemples : *deux* cents *hommes, deux* cent *trois hommes; quatre-* vingts *francs, quatre-vingt-deux francs.* Il y a toujours un trait d'union entre *quatre* et *vingt* dans *quatre-vingt.....* *Six-vingt* et *quinze-vingt* suivent la même règle que *quatre-vingt* ; c'est-à-dire, qu'ils prennent *s* au mot *vingt*, quand ils ne sont point suivis d'un autre adjectif numéral.

D. Quelle règle suit l'adjectif *demi* ?

R. L'adjectif *demi*, placé devant le substantif, n'en prend point le genre, et se joint à ce substantif par un trait d'union : *une* demi-heure. Mais, si *demi* est après le substantif, il en prend le genre : *une heure et* demie ; *deux douzaines et* demie.

D. Quelle est la règle de l'adjectif *mille* ?

R. Pour la date des années, on écrit *mil*. *Nous sommes en l'an* mil *huit cent trente.* Par-tout ailleurs on écrit *mille*, qui ne prend jamais *s* : *trois* mille *francs ; la retraite des dix* mille.

Quelque que... Quel, quelle, quels, quelles que...
Quoi que...

D. Faites connaître les règles auxquelles ces mots sont assujettis.

R. Les voici :

PREMIÈRE RÈGLE. S'il y a un substantif *pluriel* entre *quelque* et *que*, QUELQUE doit être regardé comme adjectif, et prendre la marque du pluriel.

EXEMPLES :

Quelques *maux* que *vous ayez soufferts...*

Quelques *erreurs* qu'on *vous ait reprochées...*

SECONDE RÈGLE. S'il y a un adjectif *pluriel* entre *quelque* et *que*, QUELQUE doit être regardé comme adverbe, et ne peut recevoir la marque du pluriel.

EXEMPLES :

Quelque *longs* qu'*aient été vos maux...*

Quelque *longues* que *soient vos péines*...

QUELQUE est encore *adverbe* devant un adjectif *pluriel* suivi de son substantif, lorsqu'on
peut le changer en, *à quelque point que....* *à
quelque degré que...,* et que le verbe qui suit
est au *subjonctif.*

EXEMPLES :

Quelque *grands biens* que *vous possédiez*...

Quelque *belles qualités* que *vous ayez*...

C'est comme si l'on disait : *quelque* grands
que soient les biens que vous possédez... *Quelque*
belles *que* soient les qualités que vous avez....
(*A quelque point, à quelque degré que* ces
biens soient grands, que vos qualités soient
belles, etc.)

Mais si *quelque,* au lieu de modifier l'adjectif
pluriel, en y ajoutant un *degré de signification,*
exprimait un nombre indéterminé, et que le
verbe suivant ne fût point au *subjonctif,* alors
quelque ferait les fonctions d'*adjectif partitif,*
et prendrait le pluriel.

EXEMPLES :

Quelques *beaux jours suffiront pour achever
de mûrir ces fruits.* (Un *certain nombre* de
beaux jours, etc.)

Nous avons cherché à renfermer dans quelques *petits volumes la substance d'une foule
d'in-folios dont la lecture est parfois instructive,
et le plus souvent fatigante.* (Un *certain nombre*
de petits volumes, etc.)

Ainsi, *quelque* devant un adjectif pluriel
suivi de son substantif, ne doit être regardé
comme adjectif partitif, et recevoir la marque
du pluriel, que quand on peut le changer en *un*

certain *nombre de*...., et que le verbe qui suit est à l'*indicatif.*

QUELQUE est encore *adverbe* devant un adjectif de nombre cardinal, lorsqu'il est mis pour *environ, à peu près.* Exemple : *Il y a quelque soixante ans que cela est arrivé.* (Cette locution n'est que du style familier.)

TROISIÈME RÈGLE. Lorsque *quel que* est séparé du sujet de la phrase par un verbe au subjonctif (et c'est ordinairement le verbe *être,* seul, ou précédé du verbe *devoir* ou du verbe *pouvoir*), alors *quel que* s'écrit en deux mots, *quel,* adjectif qui s'accorde avec le sujet du verbe suivant, et *que,* conjonction.

EXEMPLES :

Quel que *soit votre mérite*....
Quelle que *soit votre vertu*...
Quels qu'*aient été vos avantages*...
Quelles que *puissent être vos prétentions*...
Quels que *doivent être nos sacrifices*..., etc.

Quel que suit aussi la même règle, lorsque le substantif sujet commence la phrase, et que les pronoms *il, elle, ils, elles,* rappelant ce sujet, se trouvent devant le verbe *être,* seul, ou précédé des verbes *devoir* ou *pouvoir,* au subjonctif.

EXEMPLES :

Votre mérite, quel qu'*il soit*...
Vos prétentions, quelles qu'*elles soient*...
Vos succès, quels qu'*ils aient pu être*...
Nos sacrifices, quels qu'*ils aient dû être*...

REMARQUE. On ne doit jamais employer *tel* au lieu de *quel.* Ne dites donc point : *telle* que soit votre habileté..., *telles* que soient vos richesses. Mais dites : *quelle que* soit votre habileté....., *quelles que* soient vos richesses... N'employez pas non plus *tel* ou *quel* au lieu de *quelque que*. C'est une faute grave, mais pourtant fort commune que de dire : il n'est point de reproche, *tel* injuste et *tel* ridicule qu'on puisse l'imaginer, qu'il ne m'ait fait... ; *quelle* fortune que vous possédiez... ; votre fortune, *telle* grande soit-elle... ; *tel* pays, *quel* pays que vous habitiez..... ; etc. Il faut nécessairement dire: il n'est point de reproche, *quelque* injuste et *quelque* ridicule qu'on puisse l'imaginer, qu'il ne m'ait fait.... ; *quelque* fortune que vous possédiez..... ; votre fortune, *quelque* grande qu'elle soit.... ; *quelque* pays que vous habitiez ; etc.

QUATRIÈME RÈGLE. Quand *quoi que* peut se changer en *quelque chose que*, on doit l'écrire en deux mots.

EXEMPLES :

Quoi que vous disiez...

De quoi que l'on m'accuse, je suis tranquille...

A quoi que vous destinent vos parents, vous devez leur être soumis.

Quoi que est alors un pronom indéfini du masculin et du singulier, et l'on ne doit point le confondre avec la conjonction adversative *quoique.*

Quel, quelle, quels, quelles, sont des adjectifs qui servent :

1° A *interroger :* Quel *temps fait-il ?* Quelle *maladie avez-vous ?*

2° A *affirmer :* Je vous ai dit *quelles sont mes intentions.*

5..

3º A marquer l'*admiration* : Quel *malheur !* Quelles *sottises !*

Tout (substantif).

D. Qu'est-ce que le substantif *tout* a de re-marquable ?

R. *Tout*, substantif, employé sans article en complément direct d'un verbe, se met tou-jours entre l'auxiliaire et le participe passé dans les temps composés. Exemples : *il a* tout *avoué....; nous avons* tout *disposé*. Mais, avec les temps simples, *tout* se met après le verbe : *il avouera* tout....; *nous disposerons* tout. Ce-pendant, il se met devant le verbe, quand ce verbe est au présent de l'infinitif. Exemples : *vous devez* tout *avouer.....; il a dû* tout *pré-parer...; l'avarice perd* tout *en voulant* tout *gagner.* Le substantif *rien* suit la même règle que *tout : il n'obtiendra* rien...; *il n'a* rien *obtenu... ; il n'a pu* rien *obtenir.*

Le féminin *toutes* ne s'emploie point substan-tivement ; on doit toujours le joindre à un pro-nom personnel dont il soit l'adjectif. Ne dites donc point : toutes *sont arrivées*. Mais dites : *elles sont* toutes *arrivées.*

Tout (adjectif).

D. Quelles sont les règles de *tout*, consi-déré comme adjectif ?

R. Nous en comptons deux.

PREMIÈRE RÈGLE. L'adjectif *tout* prend le genre et le nombre du substantif qui le suit. Exemples : tout *le peuple;* toute *la ville;* touts *les animaux ;* toutes *les plantes.*

REMARQUE. Devant *tant*, on dit *tout* au mas-culin pluriel, et *toutes* au féminin. Exemples :

tout *tant que nous sommes;* toutes *tant qu'elles* *sont.*

Racine a donc fait une faute lorsqu'il a dit :

Maître absolu de *touts* tant que nous sommes.

DEUXIÈME RÈGLE. Quand *tout*, devant un nom, fait supprimer l'article, il ne se met point au pluriel. Exemples : tout *homme sensé*, toute *créature raisonnable pensera*, etc.

REMARQUE. On dit pourtant : *prendre à* toutes *mains ; courir à* toutes *jambes*. Mais ce sont des exceptions à la règle générale.

Tout (adverbe).

D. Quelles sont les règles que suit l'adverbe *tout ?*

R. Lorsque le mot *tout* est employé comme adverbe, pour signifier *entièrement, à quelque point que*, etc., il est soumis à trois règles.

PREMIÈRE RÈGLE. *Tout*, devant un adjectif masculin pluriel, ne prend point *s*, soit que cet adjectif commence par une voyelle, soit qu'il commence par une consonne.

EXEMPLE :

Ces *hommes*, tout *instruits*, tout *savants qu'ils sont...*, etc.

SECONDE RÈGLE. *Tout*, devant un adjectif féminin qui commence par une consonne, ou par un *h* aspiré, prend le genre et le nombre de cet adjectif.

EXEMPLES :

Cette *femme*, toute *savante qu'elle est...*
Ces *femmes*, toutes *savantes qu'elles sont...*
Cette *action*, toute *honteuse qu'elle est...*
Ces *actions*, toutes *honteuses qu'elles sont...*

Remarque. *Toute*, *toutes*, dans ces exemples, ne cessent point d'être *adverbes*. C'est par euphonie qu'on leur fait prendre le genre et le nombre.

Troisième règle. *Tout*, devant un adjectif féminin, singulier ou pluriel, qui commence par une voyelle ou par un *h* muet, ne change point.

Exemples :

Cette femme, tout *instruite qu'elle est*...
Ces femmes, tout *instruites qu'elles sont*...
Cette dame, tout *heureuse qu'elle est*...
Ces dames, tout *heureuses qu'elles sont*...
Cette maison a été brûlée, tout *entière*...
Ces maisons ont été brûlées, tout *entières*...
Votre sœur est tout autre qu'elle n'était...

Question. Faut-il dire : *ces dames furent tout étonnées, ou toutes étonnées de me voir* ?

Réponse. Cette question présente deux sens. Ou vous voulez exprimer que les dames dont il s'agit furent *tout-à-fait* étonnées de vous voir, ou bien vous voulez faire entendre que *toutes* les dames dont vous parlez furent étonnées de vous voir. Dans le premier sens, vous devez dire : *Ces dames furent* tout *étonnées de me voir*. Car le mot *tout* se trouve ici comme adverbe, devant un adjectif qui commence par une voyelle. Dans le second sens, il faut écrire : *Ces dames furent* toutes *étonnées de me voir*. Mais alors, il vaudrait mieux, pour ôter toute équivoque, placer l'adjectif *toutes* dans le premier membre de la phrase, et dire : toutes *ces dames furent étonnées de me voir*. Nous trouvons pareillement un double sens dans cette phrase :

ces dames furent toutes *surprises de me voir.*
Et nous devons établir la même distinction que
pour l'exemple précédent.

Comme tout, tout par-tout (adverbes).

D. Qu'est-ce que ces deux locutions adverbiales ont de remarquable ?

R. Ce sont deux expressions populaires, et
dont il faut éviter de se servir. Ne dites point :
cet appartement est froid comme tout. Mais dites :
cet appartement est extrêmement *froid.* Ne dites
pas non plus : *vous trouverez de ces marchandises* tout par-tout. Mais dites : *vous trouverez
de ces marchandises* par-tout.

C'est moi, c'est toi, ce sont eux.

D. Quelle règle suit le pronom *ce*, devant
le verbe *être ?*

R. Le pronom *ce*, placé devant le verbe
être, demande la troisième personne du singulier, devant les pronoms personnels *moi,
toi, nous, vous.* Exemples : *c'est moi qui l'ai
voulu ; c'est toi qui l'as voulu ; c'est nous qui
l'avons voulu ; c'est vous qui l'avez voulu.*

Mais le verbe *être* se met à la troisième personne du pluriel, lorsqu'il est suivi des pronoms personnels *eux, elles,* ou d'un substantif
pluriel. Exemples : *ce* sont *eux*, ce sont *elles*,
ce sont *vos amis qui l'ont voulu.*

Le, la, les, tantôt articles, tantôt pronoms.

D. Que remarquez-vous sur *le, la, les ?*

R. *Le, la, les,* sont quelquefois articles, et
quelquefois pronoms. Ils sont *articles* quand il
sont placés devant les substantifs ; ils sont *pronoms* quand ils se trouvent devant les verbes.
Exemple : *j'ai rencontré* les *hommes dont vous*

m'avez *parlé*, *et je* les *ai salués*. Le premier *les* est *article*, parce qu'il est devant le nom *hommes*; le second est *pronom*, parce qu'il se trouve devant le verbe *j'ai salués*.

Dont, d'où.

D. *Dont* et *d'où* peuvent-ils s'employer indifféremment l'un pour l'autre ?

R. Non. Le relatif *d'où* ne peut s'employer que pour exprimer le mouvement par lequel on sort d'un lieu. Exemples : *la ville* d'où *il arrive*, et non pas *dont* il arrive. *Le jardin* d'où *je vous ai vu sortir*, et non pas *dont* je vous ai vu sortir. Mais quand on n'indique point le mouvement pour sortir d'un lieu déterminé, c'est le pronom *dont* qu'il faut employer. Exemple : *Le jardin* dont *vous admirez la beauté*, et non *d'où* vous admirez la beauté.

On connaît que c'est du pronom *dont* qu'il faut se servir lorsqu'on peut faire cette question : *de quoi ? De quoi* admirez-vous la beauté ? On ne pourrait point dire : *d'où* admirez-vous la beauté ?

REMARQUE. On dit, *la maison* d'où *je sors est inhabitable*, parce qu'on parle d'une maison, d'un lieu, dans le sens propre. Et l'on dit, *la maison* dont *je sors est illustre*, parce que *maison* est pris dans le sens figuré pour signifier *race, famille*.

Emploi des Prétérits.

D. Le *prétérit défini* et le *prétérit indéfini* s'emploient-ils indifféremment l'un pour l'autre?

R. Non. Le *prétérit défini* ne doit s'employer qu'en parlant d'un temps absolument écoulé, dont il ne reste plus aucune partie à s'écouler.

Exemples : *je* remportai *deux prix l'an passé*; *je* reçus *deux lettres la semaine dernière*; *j'*écrivis *hier une lettre à mon oncle*. Mais on ne peut point dire : *je fis beaucoup de progrès cette année*; *je* reçus *deux lettres cette semaine*; *j'*écrivis *une lettre ce matin*; parce que l'année, la semaine, la journée, ne sont pas encore passées. Il faut dire : j'ai fait *beaucoup de progrès cette année*; j'ai reçu *deux lettres cette semaine*; j'ai écrit *une lettre ce matin*.

Mais le *prétérit indéfini* s'emploie indifféremment pour un temps passé, soit qu'il en reste encore une partie à s'écouler ou non. On dit bien : j'ai reçu *une lettre hier, la semaine passée*; j'ai remporté *deux prix l'an passé*.

Concordance des temps des verbes.

D. A quel temps du subjonctif faut-il mettre le verbe qui suit la conjonction *que*, quand cette conjonction appelle le subjonctif ?

R. Première règle. Quand le premier verbe est au *présent* ou au *futur*, mettez le second au présent du subjonctif, si vous voulez exprimer un présent ou un futur; mais il faut le mettre au *prétérit*, si vous devez exprimer un passé.

Exemples :

Je desire
Je desirerai toujours

{ que vous veniez à bout de votre entreprise.
que vous soyez venu à bout de votre entreprise.

Deuxième règle. Quand le premier verbe est à *l'imparfait*, à l'un des *prétérits*, au *plusqueparfait*, ou bien à l'un des *conditionnels*, le second verbe doit se mettre à l'imparfait du subjonctif, si l'on veut exprimer un présent ou un futur, et au plusque-parfait, si l'on veut exprimer un passé.

EXEMPLES :

Je desirais Je desirai J'ai desiré J'avais desiré	que vous vinssiez à bout de votre entreprise.
Je desirerais J'aurais desiré J'eusse desiré	que vous fussiez venu à bout de votre entreprise.

EXERCICE

SUR LA CONCORDANCE DES TEMPS DES VERBES.

INDICATIF.

PRÉSENT.

J'exige que tu sortes.

Tu exiges qu'il *ou* qu'elle sorte.

Il *ou* elle exige que je sorte.

Nous exigeons que vous sortiez.

Vous exigez qu'ils *ou* qu'elles sortent.

Ils *ou* elles exigent que nous sortions.

IMPARFAIT.

J'exigeais que tu sortisses.

Tu exigeais qu'il *ou* qu'elle sortît.

Il *ou* elle exigeait que je sortisse.

Nous exigions que vous sortissiez.

Vous exigiez qu'ils *ou* qu'elles sortissent.

Ils *ou* elles exigeaient que nous sortissions.

PRÉTÉRIT DÉFINI.

J'exigeai que tu sortisses.

Tu exigeas qu'il *ou* qu'elle sortît.

Il *ou* elle exigea que je sortisse.

Nous exigeâmes que vous sortissiez.

Vous exigeâtes qu'ils *ou* qu'elles sortissent.

Ils *ou* elles exigèrent que nous sortissions.

PRÉTÉRIT INDÉFINI.

J'ai exigé que tu sortisses.

Tu as exigé qu'il *ou* qu'elle sortît.

Il *ou* elle a exigé que je sortisse.

Nous avons exigé que vous sortissiez.

Vous avez exigé qu'ils *ou* qu'elles sortissent.

Ils *ou* elles ont exigé que nous sortissions.

PRÉTÉRIT ANTÉRIEUR.

J'eus exigé que tu sortisses.

Tu eus exigé qu'il *ou* qu'elle sortît.

Il *ou* elle eut exigé que je sortisse.

Nous eûmes exigé que vous sortissiez.

Vous eûtes exigé qu'ils *ou* qu'elles sortissent.
Ils *ou* elles eurent exigé que nous sortissions.

PLUSQUE-PARFAIT.

J'avais exigé que tu sortisses.
Tu avais exigé qu'il *ou* qu'elle sortît.
Il *ou* elle avait exigé que je sortisse.
Nous avions exigé que vous sortissiez.
Vous aviez exigé qu'ils *ou* qu'elles sortissent.
Ils *ou* elles avaient exigé que nous sortissions.

FUTUR SIMPLE.

J'exigerai que tu sortes.
Tu exigeras qu'il *ou* qu'elle sorte.
Il *ou* elle exigera que je sorte.
Nous exigerons que vous sortiez.
Vous exigerez qu'ils *ou* qu'elles sortent.
Ils *ou* elles exigeront que nous sortions.

FUTUR COMPOSÉ.

Quand {
j'aurai exigé que tu sortes.
tu auras exigé qu'il *ou* qu'elle sorte.
il *ou* elle aura exigé que je sorte.
nous aurons exigé que vous sortiez.
vous aurez exigé qu'ils *ou* qu'elles sortent.
ils *ou* elles auront exigé que nous sortions.
}

CONDITIONNEL.

PRÉSENT.

J'exigerais que tu sortisses.
Tu exigerais qu'il *ou* qu'elle sortît.
Il *ou* elle exigerait que je sortisse.
Nous exigerions que vous sortissiez.
Vous exigeriez qu'ils *ou* qu'elles sortissent.
Ils *ou* elles exigeraient que nous sortissions.

PASSÉ.

J'aurais exigé que tu sortisses.
Tu aurais exigé qu'il *ou* qu'elle sortît.
Il *ou* elle aurait exigé que je sortisse.
Nous aurions exigé que vous sortissiez.
Vous auriez exigé qu'ils *ou* qu'elles sortissent.
Ils *ou* elles auraient exigé que nous sortissions.

SECOND CONDITIONNEL PASSÉ.

J'eusse exigé que tu sortisses.
Tu eusses exigé qu'il *ou* qu'elle sortît.
Il *ou* elle eût exigé que je sortisse.
Nous eussions exigé que vous sortissiez.
Vous eussiez exigé qu'ils *ou* qu'elles sortissent.
Ils *ou* elles eussent exigé que nous sortissions.

IMPÉRATIF.

(*Point de première per-*
sonne au singulier.)
Exige qu'il *ou* qu'elle sorte.
Qu'il *ou* qu'elle exige que
je sorte.
Exigeons que vous sortiez.
Exigez qu'ils *ou* qu'elles
sortent.
Qu'ils *ou* qu'elles exigent
que nous sortions.

SUBJONCTIF.

PRÉSENT ou FUTUR.

Il faut
que j'exige que tu sor-
tes.
que tu exiges qu'il *ou*
qu'elle sorte.
qu'il *ou* qu'elle exige
que je sorte.
que nous exigions que
vous sortiez.
que vous exigiez qu'ils
ou qu'elles sortent.
qu'ils *ou* qu'elles exi-
gent que nous sor-
tions.

IMPARFAIT.

Que j'exigeasse que tu sortisses.
Que tu exigeasses qu'il *ou*
qu'elle sortît.
Qu'il *ou* qu'elle exigeât que
que je sortisse.
Que nous exigeassions que
vous sortissiez.
Que vous exigeassiez qu'ils
ou qu'elles sortissent.
Qu'ils *ou* qu'elles exigeas-
sent que nous sortissions.

PRÉTÉRIT.

Que j'aie exigé que tu sortisses.

Que tu aies exigé qu'il *ou*
qu'elle sortît.
Qu'il *ou* qu'elle ait exigé
que je sortisse.
Que nous ayons exigé que
vous sortissiez.
Que vous ayez exigé qu'ils
ou qu'elles sortissent.
Qu'ils *ou* qu'elles aient exigé que nous sortissions.

PLUSQUE-PARFAIT.

Que j'eusse exigé que tu
sortisses.
Que tu eusses exigé qu'il
ou qu'elle sortît.
Qu'il *ou* qu'elle eût exigé
que je sortisse.
Que nous eussions exigé
que vous sortissiez.
Que vous eussiez exigé
qu'ils *ou* qu'elles sortissent.
Qu'ils *ou* qu'elles eussent
exigé que nous sortis-
sions.

INFINITIF.

PRÉSENT.

Exiger que quelqu'un sorte.

PRÉTÉRIT.

Avoir exigé que quelqu'un
sortît.

PARTICIPE.

PRÉSENT.

Exigeant que quelqu'un
sorte.

PASSÉ.

Ayant exigé que quelqu'un
sortît.

FUTUR.

Devant exiger que quel-
qu'un sorte.

Modèles d'exercices à faire faire aux élèves,
d'après l'exemple précédent.

Je veux que tu partes. Je prétends que tu viennes. J'ordonne que tu écrives. Je desire que tu joues. J'attends que tu t'excuses. Je doute que tu parviennes à ton but. Je souhaite que tu te corriges. Je crains que tu ne t'oublies. J'appréhende que tu ne tombes. Je mérite que tu m'aimes. Je permets que tu te récrées. J'obtiens que tu demeures. Je suppose que tu réussisses. Je consens que tu t'en ailles. Je n'entends point que tu deviennes paresseux. Je prends garde que tu ne te corrompes. Je ne crois point que tu aies raison. J'approuve que tu te distraies. Je demande que tu t'asseies.

Emploi des modes.

D. Quand faut-il employer l'*indicatif?* Quand faut-il employer le *subjonctif?*

R. RÈGLE GÉNÉRALE. Après les verbes qui expriment la nécessité, le desir, la volonté; le commandement, la prière, le doute, l'ignorance, la crainte, l'étonnement, etc., employez le *subjonctif.* Mais, après les verbes qui expriment la croyance, l'assurance, la persuasion, l'aveu, etc., employez l'*indicatif,* si le premier verbe est pris dans un sens *affirmatif;* et mettez le *subjonctif,* si le premier verbe est pris dans un sens *négatif* ou *interrogatif.*

EXEMPLES:

Il faut que vous partiez.
Vous avez desiré que je sortisse.
Vous avez douté que nous vinssions.
Je crois qu'il partira.
Je ne crois point qu'il parte.
Croyez-vous qu'il parte?

Craindre que...

D. Que remarquez-vous sur le verbe *craindre*?

R. *Craindre que* demande le *subjonctif*, et la particule *ne* doit précéder le second verbe, si *craindre* est pris *affirmativement* ; mais elle doit être retranchée, si *craindre* est pris dans un sens *négatif* ou *interrogatif*.

EXEMPLES:

Je crains que vous ne *me* trompiez.

Nous avons toujours craint que vous ne *perdissiez ce procès.*

Nous ne craignons point qu'il s'entende avec nos ennemis.

Avez-vous jamais craint que j'oubliasse vos bienfaits ?

REMARQUE. *Avoir peur*, *appréhender*, *trembler*, *etc.* suivent la même règle que le verbe *craindre*.

Défendre que...

D. Quelle est la manière d'employer le verbe *défendre* **que**?

R. *Défendre que* (prohiber) veut le *subjonctif*, sans la particule *ne*.

EXEMPLES:

Il défendit qu'on fît aucune élection avant que d'avoir pris les auspices.

Scipion défendit, en mourant, que ses cendres fussent rapportées dans son ingrate patrie.

Douter que...

D. Quelle règle suit le verbe *douter que*?

R. *Douter que* demande le *subjonctif* ; et, si la première proposition est négative ou interrogative, le verbe de la seconde doit nécessairement être précédé de la particule *ne*.

EXEMPLES:

Je doute fort que cela soit...
Je doute qu'il vienne.
On ne doute point qu'il n'arrive...
Doutez-vous qu'il n'arrive ?

PREMIÈRE REMARQUE. *Douter* peut être suivi de la conjonction *si*, devant le futur : je *doute si je* partirai *demain.* Mais , avec les autres temps , il faut se servir de la conjonction *que.*

DEUXIÈME REMARQUE. *Se douter* s'emploie pour signifier *croire sur quelque apparence , conjecturer, etc.* Alors il suit la règle du verbe *croire* , c'est-à-dire , qu'il demande l'*indicatif* quand la première proposition est *affirmative ;* et le *subjonctif,* quand la première proposition est *négative* ou *interrogative.* Exemples : *il* se doutait *bien qu'on en* viendrait *là... ; il* ne se doutait *pas qu'on* eût *des preuves contre lui...;* vous *seriez-vous* douté *qu'on en* vînt *à cette extrémité ?* ...

TROISIÈME REMARQUE. *Il est douteux que* suit les mêmes règles que le verbe *douter.* Exemples : il est douteux *qu'il vienne* ; il n'est pas douteux *qu'il ne vienne...* etc.

Empêcher que...

D. Quelle est la règle du verbe *empêcher?*
R. Le verbe *empêcher* suit la même règle que le verbe *craindre.* Le verbe qui suit *empêcher* se met au *subjonctif,* et doit être précédé de la particule *ne ,* si *empêcher* est pris *affirmativement.* Mais la particule *ne* se supprime , quand *empêcher* est employé dans le sens *négatif* ou *interrogatif.*

EXEMPLES :

La pluie empécha qu'on ne s'allât promener.
Je n'empéche pas qu'il fasse ce qu'il voudra.
Empécherez-vous qu'il s'en aille?...

Ignorer que...

D. Qu'est−ce que le verbe *ignorer* a de par-ticulier ?

R. Le verbe *ignorer,* sous un air d'affirma-tion, a réellement un sens négatif; car *ignorer,* c'est *ne pas savoir.* Ainsi, *ignorer que* de-mande le *subjonctif*; et *ne pas ignorer* veut l'*in-dicatif.*

EXEMPLES :

J'ignorais que vous fussiez arrivé.
Je n'ignorais point que vous deviez venir.
Il y a quelque apparence que les Thébains n'ignoraient pas qu'il s'appelait OEdipe.

(VOLTAIRE.)

Ignorez-vous que votre fils est parti ?

Mériter que...

D. Quel mode appelle *mériter que...?*
R. Il veut le subjonctif. Exemple : *il mérite que vous le* récompensiez.

Supposer que...

D. *Supposer que* demande−t-il aussi le sub-jonctif?

R. Oui. En voici des exemples : *supposons qu'il y* consente...; *je suppose que vous* veniez.

Emploi de l'unipersonnel il tient.

D. Qu'est−ce que l'emploi de l'unipersonnel *il tient* nous présente de remarquable ?

R. 1° L'unipersonnel *il tient* doit être suivi de la préposition *de* et de l'infinitif, lorsque le nom qui sert de complément à la préposition *à* peut devenir le sujet du verbe à l'infinitif. Exemple : *il ne tient qu'à vous* de sortir (*que vous ne sortiez*).

2° Lorsque l'unipersonnel *il tient* est employé *négativement* ou *interrogativement*, et que le nom qui est le complément de la préposition *à* ne peut point devenir le sujet de l'action que marque le verbe suivant, il faut mettre ce verbe au subjonctif, et le faire précéder de la particule *ne*.

EXEMPLES :

Il n'a pas tenu à nous que vous n'ayez réussi.

A quoi tient-il que vous ne le fassiez ?....

Bourdaloue a dit : *Il ne tient* qu'à moi *que ma foi ne* soit *pour moi un moyen de salut ;* parce qu'*il ne tient qu'à* moi d'en faire *un usage tel que je le dois , et tel que Dieu le demande....* Les deux règles précédentes se trouvent appliquées dans cet exemple.

Emploi de l'unipersonnel il semble.

Lorsque l'unipersonnel il *semble* est construit avec un complément indirect , on met le verbe suivant à l'indicatif. Exemples : *Il semble à un aveugle que tout* est *ténébreux. Il me semble que vous n'auriez point dû le faire.* Il me sembla que je *voyais* Achille. Mais lorsqu'il est construit absolument et sans complément , il demande le verbe suivant au subjonctif : *Il semble que vous* n'ayez *rien* vu. *Il semblait que sa raison l'eût* abandonné.

QUESTION. Quel mode appellent les pronoms relatifs *qui* et *que* après les superlatifs relatifs et les adjectifs *premier , dernier , seul , unique , etc.* ?

RÉPONSE. Qui et *que* demandent alors le *subjonctif.*

EXEMPLES:

C'est la femme la plus aimable que je connaisse.

C'est un des meilleurs princes qui aient jamais régné.

Les Égyptiens sont les premiers qui aient écouté ces merveilleux maîtres.

Les intérêts de leur vanité sont les derniers qu'on doive *ménager.*

Ce sont les seuls qui aient paru, *que l'on* ait vus paraître jusqu'à présent.

Voilà l'unique motif qui *les fasse rechercher.*

Près de, prêt à.

D. Quelle différence y a-t-il entre *près de,* et *prêt à ?*

R. *Près de* est une préposition qui signifie *sur le point de. Prêt à* est un adjectif qui signifie *disposé à.* On dit, *il est* près de *tomber,* et non point, prêt à *tomber.*

En campagne, à la campagne.

D. Quelle différence y a-t-il entre *être en campagne* et *être à la campagne ?*

R. *Être en campagne* ne doit se dire que des troupes : *l'armée est en campagne.* Mais *être à la campagne* se dit de ceux qui quittent la ville pour aller à la campagne : *nous passerons l'automne à la campagne.*

Place des adverbes assez, beaucoup, bien, bientôt, moins, pas, point, peu, trop.

D. Que remarquez-vous sur la place que ces adverbes doivent occuper ?

R. Lorsque ces adverbes modifient des *ver*-

bes, et qu'ils sont joints à des temps *simples*, ils se mettent après le verbe ; mais, lorsqu'ils sont joints à des temps *composés*, ils doivent se placer entre le participe passé et l'auxiliaire ; et, lorsqu'on les emploie avec un infinitif, ils se mettent le plus souvent devant cet infinitif.

EXEMPLES :

Je mange assez ; *j'ai* assez *mangé pour me soutenir ; c'est* assez *manger.*

Il parle beaucoup ; *il a* beaucoup *parlé ; il a l'habitude de* beaucoup *parler.*

Il chante bien ; *il a* bien *chanté ; il ne peut manquer de le* bien *faire.*

Je reviendrai bientôt ; *je serai* bientôt *revenu.*

Je l'aime moins ; *je l'ai* moins *aimé ; je veux le* moins *aimer.*

Je ne le trouve pas ; *je ne l'ai* pas *trouvé ; je crains de ne le* pas *trouver.*

Je ne le verrai point ; *je ne l'ai* point *vu ; je puis ne le* point *rencontrer.*

Il dort peu ; *il a* peu *dormi ; il est accoutumé à* peu *dormir.*

Il boit trop ; *il a* trop *bu ; craignez de* trop *boire ;* etc.

Les adverbes *guère, jamais, toujours,* etc., suivent la même règle ; et il en est de même encore du substantif *rien.*

Plutôt, plus tôt.

D. En quoi diffèrent ces deux adverbes ?

R. *Plutôt* signifie *préférablement.* Plutôt *la mort que l'esclavage !* Apprends à tout oser *plutôt* que d'être esclave.... *Je mourrais* plutôt *que de mentir...* Plus tôt signifie *de meilleure heure,*

6

plus vîte.... J'arriverai plus tôt que toi...; viens le plus tôt *que tu pourras.*

Si tôt s'écrit en deux mots : *ne partez pas si tôt, venez me voir auparavant.*

QUESTION. Les prépositions sont-elles toujours exprimées dans la phrase ?

RÉPONSE. Les prépositions se retranchent souvent devant les noms de *temps*, de *prix*, d'*estime*, de *matière*, d'*instrument, etc.*, placés à la suite d'un verbe intransitif (neutre).

EXEMPLES :

Le bon Louis XII régna dix-sept ans. (Pendant.)

Quelques fleurs ne durent qu'un jour. (Pendant.)

Une poule pondait *touts les* jours *un œuf d'or.* (Dans, en.)

Il lui en coûtera *son bon* argent. (Pour.)

Ce livre vaut *dix* francs. (Pour, jusqu'à, etc.)

Cette leçon vaut *bien un* fromage, *sans doute.* (Id.)

Les Athéniens avaient payé trois fois ce tribut cruel et humiliant. (Jusqu'à *trois fois.*)

Cette redoute fut attaquée plusieurs fois. (Jusqu'à.)

Les prisonniers marchaient la tête baissée, l'œil morne et noyé de pleurs. (Avec *la tête, etc.,* avec *l'œil, etc.*)

Dans l'analyse grammaticale, on désigne ces noms comme *compléments* de prépositions *sous-entendues,* et l'on fait bien d'indiquer la préposition. Voir le *Traité d'analyse grammaticale,* depuis le n° 31 jusqu'au n° 39, et le 38e et le 39e exercice à la suite de ce Traité.

DE L'ORTHOGRAPHE.

D. Qu'est-ce que l'orthographe ?

R. L'*orthographe* est la manière d'écrire touts les mots d'une langue.

D. Que remarquez-vous sur la finale *eur* ?

R. De touts les substantifs masculins et féminins terminés en *eur*, il n'y a que *heure*, *demeure*, *beurre* et *leurre*, qui finissent par un *e* muet.

D. Que remarquez-vous sur la lettre *x* ?

R. L'*e* qui précède *x*, ne prend jamais d'accent : *sexe*, *circonflexe*, *Alexandre*, etc.

D. Que remarquez-vous sur les noms propres ?

R. Touts les noms propres d'hommes, de villes, de pays, de rivières, etc., doivent commencer par une lettre capitale. Exemples : *César*, *Rome*, la *France*, le *Pô*, etc. Le nom de *Dieu* doit aussi commencer par une lettre majuscule... Lorsque les noms propres sont employés comme adjectifs, ils s'écrivent sans une lettre capitale : l'*armée* grecque ; les *empereurs romains*.

ORTHOGRAPHE DES VERBES.

Présent de l'indicatif.

D. Quelle règle d'orthographe suit le présent de l'indicatif ?

R. La première personne du singulier est toujours terminée par *s*, à moins qu'elle ne le soit par un *e* muet, ou par un *x*. Exemples : *je bois*, *j'écris*, *je joue*, *je veux*, *je vaux*.

La seconde personne est toujours terminée par *s*, excepté dans les verbes où la première finit par *x* : *tu* bois, *tu* joues, *tu* veux.

La troisième est semblable à la première, quand celle-ci est terminée par un *e* muet ; mais, quand la première personne finit par *cs*, *ds*, *ts*, on retranche *s* à la troisième ; et, dans touts les autres cas, *s* se change en *t*. Exemples : *il* joue, *il* convainc, *il* entreprend, *il* bat, *il* unit.

Imparfait.

D. Quelle est la terminaison des personnes de l'imparfait de l'indicatif ?

R. Elles se terminent toujours en *ais*, *ais*, *ait*, pour le singulier ; et en *ions*, *iez*, *aient*, pour le pluriel. Exemple : *je* jouais, *tu* jouais, *il* jouait, *nous* jouions, *vous* jouiez, *ils* jouaient.

Prétérit défini.

D. Combien le prétérit défini a-t-il de terminaisons ?

R. Il a quatre terminaisons :
1° *Ai*, *as*, *a*, *âmes*, *âtes*, *èrent*.
2° *Is*, *is*, *it*, *îmes*, *îtes*, *irent*.
3° *Us*, *us*, *ut*, *ûmes*, *ûtes*, *urent*.
4° *Ins*, *ins*, *int*, *înmes*, *întes*, *inrent*.

EXEMPLES :

Je jouai, *tu* jouas, *il* joua, *nous* jouâmes, *vous* jouâtes, *ils* jouèrent ; *j'*unis, *tu* unis, *il* unit, *nous* unîmes, *vous* unîtes, *ils* unirent ; *j'*aperçus, *tu* aperçus, *il* aperçut, *nous* aperçûmes, *vous* aperçûtes, *ils* aperçurent ; *je* soutins, *tu* soutins, *il* soutint, *nous* soutînmes, *vous* soutîntes, *ils* soutinrent.

(125)
Futur simple.

D. Comment se terminent les personnes du futur simple ?

R. Elles sont toujours terminées en *rai*, *ras*, *ra*, pour le singulier ; et en *rons*, *rez*, *ront*, pour le pluriel. Exemple : *je* jouerai, *tu* joueras, *il* jouera, *nous* jouerons, *vous* jouerez, *ils* joueront.... Il n'y a que les verbes de la première conjugaison qui prennent un *e* muet avant le *r* au futur, et au conditionnel. Ainsi, n'écrivez point : je *perceverai*, je *venderai*, etc.

Conditionnel présent.

D. Quelle est la terminaison des personnes du conditionnel ?

R. Le conditionnel se termine toujours ainsi : *rais*, *rais*, *rait*, pour le singulier ; *rions*, *riez*, *raient*, pour le pluriel. Exemple : *je* jouerais, *tu* jouerais, *il* jouerait, *nous* jouerions, *vous* joueriez, *ils* joueraient.

Présent du subjonctif.

D. Comment se termine le présent du subjonctif ?

R. Il se termine en *e*, *es*, *e*, pour le singulier ; et en *ions*, *iez*, *ent*, pour le pluriel. Exemple : *que je* joue, *que tu* joues, *qu'il* joue, *que nous* jouions, *que vous* jouiez, *qu'ils* jouent.

Imparfait du subjonctif.

D. Combien l'imparfait du subjonctif a-t-il de terminaisons ?

R. Il a quatre terminaisons ; savoir :
1º *Asse*, *asses*, *ât*, *assions*, *assiez*, *assent*.
2º *Isse*, *isses*, *ît*, *issions*, *issiez*, *issent*.
3º *Usse*, *usses*, *ût*, *ussions*, *ussiez*, *ussent*.
4º *Insse*, *insses*, *înt*, *inssions*, *inssiez*, *inssent*.

EXEMPLES :

Que je jouasse, *que tu* jouásses, *qu'il* jouât, *que nous* jouassions, *que vous* jouassiez, *qu'ils* jouassent.

*Que j'*unisse, *que tu* unisses, *qu'il* unît, *que nous* unissions, *que vous* unissiez, *qu'ils* unissent.

*Que j'*aperçusse, *que tu* aperçusses, *qu'il* aperçût, *que nous* aperçussions, *que vous* aperçussiez, *qu'ils* aperçussent.

Que je soutinsse, *que tu* soutinsses, *qu'il* soutînt, *que nous* soutinssions, *que vous* soutinssiez, *qu'ils* soutinssent.

ORTHOGRAPHE DES PRONOMS, DES ADVERBES, etc.

Leur, leurs.

D. Quand faut-il mettre un *s* au mot *leur?*

R. *Leur* prend un *s*, quand il est devant un substantif pluriel, ou qu'il est précédé des articles *les, des, aux.* Exemple : *les hommes ont* leurs *défauts, et les femmes ont* les leurs. Mais, quand *leur* est devant un verbe, il ne prend jamais *s.* Exemple : *je* leur *ai rendu de grands services.* (Il n'y a que les gens dépourvus d'instruction, qui disent: *je* leurs *ai rendu.*)

Notre, votre, nôtre, vôtre.

D. Quand doit-on mettre un accent circonflexe sur l'*o* de *notre, votre?*

R. On met un accent circonflexe sur l'*o* de *notre, votre,* lorsque ces mots sont des *pronoms;* ils sont alors précédés des articles *le, la, les; du, des; au, aux.* Mais on ne met point d'accent sur l'*o*, quand ces mots sont des *ad-*

jectifs: alors , ils sont placés devant un substantif. Exemples : notre *cheval est malade , prêtez-nous le vôtre. Nous avons écouté* votre *défense , vous devez entendre* la nôtre.

Là , la.

D. Quand met-on un accent grave sur l'*a* du mot *la ?*

R. On met un accent grave sur l'*a* de l'adverbe *là : pourquoi allez-vous* là ? On n'en met point sur l'*a* de *la* article ou pronom : *j'aime* la *vérité , je* la *dirai toujours.*

Ou , où.

D. Quand doit-on mettre un accent grave sur l'*u* de *ou ?*

R. On met un accent grave sur l'*u* de *ou ,* quand ce mot est un adverbe ou un pronom : où *suis-je ? le siècle* où *vécut Ésope.* On n'en met point quand *ou* est conjonction : *aujourd'hui* ou *demain.*

A , à.

D. Quand mettez-vous un accent grave sur *a ?*

R. Nous mettons un accent grave sur *a ,* quand il est préposition : *passer son temps* à *jouer.* On n'en met point sur *a* troisième personne du verbe *avoir : il* a joué *, au lieu d'étudier.*

Du , dû.

D. Quand met-on un accent circonflexe sur l'*u* de *du ?*

R. On met un accent circonflexe sur l'*u* du participe passé masculin singulier du verbe *devoir : rendez à chacun ce qui lui est* dû. On n'en met point sur l'*u* de l'article composé *du : la raison* du *plus fort est toujours la meilleure.*

De l'Apostrophe.

D. Qu'est-ce que l'*apostrophe* ?

R. L'*apostrophe* est le retranchement d'une voyelle à la fin d'un mot pour la facilité de la prononciation : le signe de ce retranchement est une petite virgule que l'on met au haut de la consonne à la place de la lettre supprimée , comme dans l'*état*, l'*hiver*, *etc.*

D. Quelles sont les lettres qui se retranchent ainsi dans l'écriture ?

R. Ce sont *a, e...* L'*i* se retranche dans la conjonction *si*, devant *il*, *ils : je ne sais* s'il *viendra*, s'ils *viendront, etc.*

Du Tréma.

D. Qu'appelle-t-on *tréma* ?

R. On appelle ainsi deux points placés sur les voyelles *i, u, e*, quand ces lettres doivent être prononcées séparément de la voyelle qui précède, comme *naïf, Saül, ciguë*. Si vous ôtiez le tréma, *ciguë* se prononcerait comme *figue*.

De la Parenthèse.

D. Qu'est-ce que vous appelez *parenthèse* ?

R. Ce sont deux crochets () dans lesquels on renferme quelques mots détachés. Exemple : *Que peuvent contre lui* (contre Dieu) *touts les rois de la terre* ?

Du Trait d'Union.

D. Que marque le *trait d'union* ?

R. Il marque la liaison entre deux ou plusieurs mots qui n'en deviennent qu'un par le sens. Exemples : un *chef-d'œuvre*, un *arc-en-ciel*.

D. Quand emploie-t-on encore le trait d'union ?

R. On l'emploie encore après le verbe suivi d'un pronom qui lui sert de sujet : *irai-je, viendrez-vous*; et après la première et la seconde personne de l'impératif, quand elles sont suivies des pronoms *moi*, *toi*, *le*, *la*, *lui*, *leur*, *en*, *y*, etc. : *donnez-moi, prétez-lui, allez-y*, etc. Et, s'il suit deux de ces pronoms, le tiret se place avant chacun d'eux : *servez-vous-en*.

DE LA PONCTUATION.

D. Qu'est-ce que la *ponctuation ?*

R. La *ponctuation* est l'art d'indiquer, dans l'écriture, la proportion des pauses que l'on doit faire en parlant.

D. Combien la ponctuation a-t-elle de signes ?

R. Elle en a six, qui sont : la virgule (,), le point et la virgule (;), les deux points (:), le point absolu (.), le point interrogatif (?), et le point exclamatif (!).

D. Quel est l'emploi de la virgule ?

R. La *virgule* marque la plus petite des pauses; elle se met entre les *substantifs*, les *adjectifs* et les *verbes* qui se suivent.

EXEMPLES :

La *génisse*, la *chèvre*, et leur sœur la *brebis*,
Avec un fier lion, seigneur du voisinage,
Firent société.   (LA FONTAINE.)

Dans un chemin *montant, sablonneux, mal-aisé*,
Et de touts les côtés au soleil *exposé*,
   Six forts chevaux tiraient un coche.
                         (*Le méme.*)

L'attelage *suait, soufflait, était rendu.*
                         (*Le méme.*)

6..

D. La virgule n'a-t-elle point d'autre usage ?

R. On s'en sert encore pour distinguer les différentes parties d'une phrase.

EXEMPLE :

L'un voulait le garder,
L'autre voulait le vendre.

(LA FONTAINE, fable *des Voleurs et de l'Ane.*)

Enfin, on place entre deux virgules le nom de la personne à laquelle on adresse la parole.

EXEMPLE :

Il ne tiendra qu'à vous, *beau sire*,
D'être aussi gras que moi, lui repartit le chien.

(LA FONTAINE.)

D. Que marque le point avec la virgule ?

R. Le *point* avec la *virgule* marque une pause un peu plus longue que la pause indiquée par la virgule : on le met entre deux phrases dont la seconde dépend de la première.

EXEMPLE :

A ces mots, le corbeau ne se sent pas de joie ;
Et, pour montrer sa belle voix,
Il ouvre un large bec, laisse tomber sa proie.

(LA FONTAINE.)

D. Quel est l'usage des deux points ?

R. Les *deux points* marquent une pause encore un peu plus longue : on s'en sert, 1° quand on passe à un discours direct qu'on rapporte ; 2° après une phrase finie, mais suivie d'une autre qui l'éclaircit ou qui l'étend. Ce double usage est marqué dans l'exemple suivant.

(131)

Le renard s'en saisit, et dit : mon bon monsieur,
        Apprenez que tout flatteur
Vit aux dépens de celui qui l'écoute :
Cette leçon vaut bien un fromage sans doute.

(La Fontaine.)

D. Quel est l'usage du point absolu ?

R. Le *point absolu* marque la plus longue de toutes les pauses ; on le met après un sens entièrement fini.

Exemple :

Chaque jour amène son pain.

D. Quand faut-il employer le point interrogatif ?

R. Le *point interrogatif* se met à la fin des phrases qui expriment une interrogation.

Exemple :

Est-ce assez ? dites-moi, n'y suis-je point encore ?
— Nenni. — M'y voici donc ? — Point du tout. — M'y
        voilà ?

(La Fontaine.)

D. Quel est l'usage du point exclamatif ?

R. Le *point exclamatif* se met à la fin des phrases qui expriment la surprise, la terreur, etc., ou après une interjection.

Exemples :

Que vous êtes joli ! que vous me semblez beau !
        Vous chantiez ! j'en suis fort aise.
        Eh ! ne voyez-vous pas, dit-elle, etc.
        Hélas ! on voit que, de tout temps,
Les petits ont pâti des sottises des grands.

(La Fontaine.)

DES PARTIES DU DISCOURS.

D. Qu'est-ce que faire les *parties du discours ?*

R. On entend, par faire les *parties du discours* ou *l'analyse grammaticale*, expliquer un discours mot à mot, en marquant sous quelle partie du discours chaque terme doit être rangé, et en rendant compte de la manière dont il est écrit d'après les règles de la Grammaire.

Sujet d'analyse grammaticale.

Écoutez, enfants, les avis de votre père, et suivez-les, afin que vous soyez sauvés ; car Dieu a rendu le père vénérable aux enfants ; et il a affermi sur eux l'autorité de la mère. Celui qui honore sa mère, est comme un homme qui amasse un trésor : celui qui honore son père, recevra lui-même de la joie de ses enfants, et il sera exaucé au jour de sa prière. Celui qui craint le seigneur, honore son père et sa mère, et il servira comme ses maîtres les auteurs de ses jours. (*Ecclés.*)

Analyse.

Écoutez,	verbe act. 1re conj. en *er*, à la 2e pers. pl. de l'impér.
enfants,	s. m. pl.
les	art. pl. des deux genres.
avis	s. m. pl.
de	prép.
votre	adj. poss. sing. des deux genr.
père,	s. m. sing.

et	conj. copul.
suivez-	v. act. 4e conj. en *re*, à la 2e pers. pl. de l'impér.
les,	pron. rel. pl. des deux genr.
afin que	conj. causat.
vous	pron. de la 2e pers. pl.
soyez	v. auxil. *être*, à la 2e pers. pl. du prés. du subj.
sauvés;	part. passé, m. pl., s'accorde avec son sujet *vous* pour *enfants*, 1re règle.
car	conj. caus.
Dieu	s. m. sing.
a rendu	v. act. *rendre*, 4e conj. en *re*, au prét. indéf. 3e pers. sing.
le	art. simple, m. sing.
père	s. m. sing.
vénérable	adj. sing. des deux genr. Il qua-lifie *père.*
aux	art. composé, pour *à les*, pl. des deux genr.
enfants;	s. m. pl.
et	conj. copul.
il	pron. pers. m. sing.
a affermi	v. act. *affermir*, 2e conj. en *ir*, au prét. indéf. 3e pers. sing.
sur	prép.
eux	pron. pers. m. pl.
la	art. simp. f. sing.
autorité	s. f. sing.
de	prép.
la	art. simp. f. sing.
mère.	s. f. sing.
Celui	pron. dém. m. sing.

qui	pron. rel. des deux genres et des deux nombres.
honore	v. act. 1re conj. en *er*, 3e pers. sing. du prés. de l'ind.
sa	adj. poss. f. sing.
mère,	s. f. sing.
est	v. *étre*, 3e pers. sing. du prés. de l'ind.
comme	adv. de comp.
un	adj. numéral, m. sing.
homme	s. m. sing.
qui	pron. rel. des deux genres et des deux nombres.
amasse	v. a. 1re conj. en *er*, au prés. de l'ind. 3e pers. du sing.
un	adj. num. m. sing.
trésor :	s. m. sing.
celui	pron. dém. m. sing.
qui	pron. rel. des deux genres et des deux nombres.
honore	v. a. 1re conj. en *er*, au prés. de l'ind. 3e pers. sing.
son	adj. poss. m. sing.
père,	s. m. sing.
recevra	v. a. 3e conj. en *oir*, au fut. simp. 3e pers. du sing.
lui-méme	pron. pers. m. sing.
de la	art. part. employé pour *quelque.*
joie	s. f. sing.
de	prép.
ses	adj. poss. pl. des deux genr.
enfants,	s. m. pl.
et	conj. cop.
il	pron. pers. m. sing.

sera	v. auxil. *être*, au fut. simp. 3e pers. sing.
exaucé	part. passé, m. sing. (Il s'accorde avec le sujet *il*, 1re règle.)
au	art. comp. pour *à le*, m. sing.
jour	s. m. sing.
de	prép.
sa	adj. poss. f. sing.
prière.	s. f. sing.
Celui	pron. dém. m. sing.
qui	pron. rel. des deux genres et des deux nombres.
craint	v. a. 4e conj. en *re*, au prés. de l'ind. 3e pers. sing.
le	art. simp. m. sing.
Seigneur,	s. m. sing.
honore	v. a. 1re conj. en *er*, au prés. de l'ind. 3e pers. sing.
son	adj. poss. m. sing.
père	s. m. sing.
et	conj. cop.
sa	adj. poss. f. sing.
mère,	s. f. sing.
et	conj. cop.
il	pron. pers. m. sing.
servira	v. a. 2e conj. en *ir*, au futur simp. 3e pers. sing.
comme	adv. de comp.
ses	adj. poss. pl. des deux genr.
maîtres	s. m. pl.
les	art. simp. pl. des deux genr.
auteurs	s. m. pl.
de	prép.
ses	adj. poss. pl. des deux genr.
jours.	s. m. pl.

Lorsque les élèves seront un peu plus avancés, on pourra leur faire faire l'analyse, en indiquant les *sujets* et les *compléments*. En voici le modèle appliqué au même sujet.

Écoutez,	v. a. 1re conj. à l'impér. 2e pers. pl. Son compl. est *avis.*
enfants,	subs. masc. pl. mis en apost.
les	art. simp. pl. des deux genr. dét. *avis.*
avis	subs. m. pl. complément du verbe *écoutez.*
de	prép. qui a pour compl. *père.*
votre	adj. poss. sing. des deux genr. dét. *père ,* parce qu'il tient lieu d'article.
père,	s. m. sing. compl. de la prép. *de.*
et	conj. cop. qui joint deux membres de phrase.
suivez-	v. a. 4e conj. à l'impér. 2e pers. du pl. Son compl. est *les* pour *avis.*
les ,	pr. rel. pl. des deux genr., rappelle l'idée d'*avis;* compl. du v. *suivez,* joint à ce v. par un trait d'union, parce que c'est la 2e pers. de l'impératif.
afin que	conj. causat. qui veut toujours le v. suiv. au subj.
vous	pron. de la 2e pers. pl. des deux genr. sujet du v. *soyez sauvés.*
soyez sauvés ;	v. pass. au prés. du subj. 2e pers. pl. Son sujet est *vous.* Le part. *sauvés ,* m. pl. , s'accorde avec ce sujet. (1re règle des participes.)

car	conj. causat.
Dieu	subs. m. sing. sujet du verbe *a rendu*.
a rendu	v. a. 4e conj., au prét. indéf. 3e pers. sing. Son sujet est *Dieu*; son compl. est *père*.
le	art. simpl. m. sing. dét. *père*.
père	subs. m. sing. compl. du verbe *a rendu*.
vénérable	adj. sing. des deux genres; qualifie *père*.
aux	art. comp. pl. des deux genr., pour *à les*. La prépos. *à* trouve son compl. dans le subst. *enfants*.
enfants;	subs. m. pl. compl. de la prép. *à* dans l'art. comp. *aux*.
et	conj. copul. qui lie deux membres de phrase.
il	pronom pers. rappelle l'idée de *Dieu*, 3e pers. m. sing., sujet du v. *a affermi*.
a affermi	v. a. 2e conj. au. prét. indéfini, 3e pers. du sing. Son sujet est *il*, son compl. est *autorité*.
sur	prép. dont le compl. est *eux*.
eux	pronom pers. tient la place d'en-fants, 3e pers. m. pl. compl. de la prép. *sur*.
la	art. simp. f. sing. dét. *autorité*.
autorité	subst. f. sing. compl. du v. *a affermi*.
de	prép. qui a pour compl. *mère*.
la	art. simp. f. sing. dét. *mère*.
mère.	subst. f. sing. compl. de la prép. *de*.

Celui	pron. dém. m. sing. sujet du v. *est.*
qui	pron. rel. à *celui*, sujet du verbe *honore.*
honore	v. a. 1re conj., au prés. de l'ind. 3e pers. sing. Son sujet est *qui*, son compl. est *mère.*
sa	adj. poss. f. sing. dét. *mère*, parce qu'il tient lieu d'article.
mère,	subst. f. sing. compl. du v. *honore.*
est	v. subst. au prés. de l'ind. 3e pers. sing. Son sujet est *celui.*
comme	adv. de compar. modifie le v. *est.*
un	adj. numér. m. s. dét. *homme*, parce qu'il tient lieu d'article.
homme	subst. m. sing. sujet du v. *est*, censé répété (*est comme est un homme*).
qui	pron. rel. à *homme*, sujet du v. *amasse.*
amasse	v. a. 1re conj. au prés. de l'ind. 3e pers. du sing. Son sujet est *qui*; son compl. est *trésor.*
un	adj. numér. m. sing. dét. *trésor*, parce qu'il tient lieu d'article.
trésor :	subst. m. sing. compl. du verbe *amasse.*
celui	pron. dém. m. sing. sujet du v. *recevra.*
qui	pron. rel. à *celui*, des deux genr. et des deux nombres, sujet du v. *honore.*
honore	v. a. 1re conj. au prés. de l'ind. 3e pers. sing. Son sujet est *qui* pour *celui*; son complément est *père.*

son	adj. poss. m. sing. dét. *père*, parce qu'il tient lieu d'article.
père,	subst. m. sing. compl. du verbe *honore*.
recevra	v. a. 3ᵉ conj. au fut. simpl. 3ᵉ pers. sing. Son sujet est *celui*; son compl. est *joie*.
lui-même	pron. pers. 3ᵉ pers. m. singulier, sujet de *recevra*: ce sujet est répété par pléonasme.
de la	art. partit. f. sing., fait prendre le substantif *joie* dans un sens d'extrait.
joie	subst. f. sing. compl. du verbe *recevra*.
de	prép. qui a pour compl. *enfants*.
ses	adj. poss. pl. des deux genr. dét. *enfants*, parce qu'il remplace l'article.
enfants,	subst. m. pl. compl. de la prép. *de*.
et	conj. cop. qui unit deux membres de phrase.
il	pron. pers. 3ᵉ pers. m. sing. sujet du verbe *sera exaucé*.
sera exaucé	v. pass. au fut. simp. 3ᵉ pers. sing. Son sujet est *il*.
au	art. comp. m. sing. pour *à le*. Le compl. de la prép. *à* est le substantif *jour*.
jour	s. m. sing. compl. de la prép. *à* dans l'article comp. *au*.
de	prép. qui a pour compl. le substantif *prière*.
sa	adj. poss. fém. sing. dét. *prière*, parce qu'il tient lieu d'article.

prière.	subst. f. sing. compl. de la prép. *de.*
Celui	pron. dém. m. sing. sujet du v. *honore.*
qui	pron. rel. à *celui*, des deux genr. et des deux nombres, sujet du verbe *craint.*
craint	v. a. 4e conj. au prés. de l'ind. 3e pers. sing. Son sujet est *qui;* son compl. est *seigneur.*
le	art. simp. m. sing. dét. *seigneur.*
seigneur,	s. m. sing. compl. du v. *craint.*
honore	v. a. 1re conj., au prés. de l'ind. 3e pers. sing. Son sujet est *celui;* il a pour compl. *père, mère.*
son	adj. poss. m. sing. dét. *père,* parce qu'il tient lieu d'article.
père	subst. m. sing. un des compl. du verbe *honore.*
et	conj. cop. unit deux substantifs en compl.
sa	adj. poss. f. sing. dét. *mère,* parce qu'il remplace l'article.
mère,	subst. f. sing., autre compl. du v. *honore.*
et	conj. cop. qui joint deux membres de phrase.
il	pron. de la 3e pers. m. sing. sujet du verbe *servira.*
servira	v. a. 2e conj. au fut. simp. 3e pers. singulier. Son sujet est *il;* son compl. est *auteurs.*
comme	adv. de compar. modif. *sert.*
s es	adj. poss. pl. des deux genr., dét. *maîtres,* parce qu'il tient lieu d'article.

maîtres,	s. m. pl. compl. du verbe *sert*, censé répété (*comme on sert ses maîtres*).
les	art. simp. plur. des deux genres , dét. *auteurs.*
auteurs	subst. m. pl. compl. du v. *servira.*
de	prép. qui a pour compl. *jours.*
ses	adj. poss. pl. des deux genres , dét. *jours*, parce qu'il tient lieu d'article.
jours.	subst. m. pl. compl. de la prép. *de.*

TABLE DES CHAPITRES.

FIN.